미완의 평화혁명가
손병희

표기원칙 ; 일반적으로 가장 많이 쓰여온 이름과 지명 표기를 따랐다.

예를 들어 위안스카이는 원세개로, 마오쩌뚱은 모택동으로, 쑨원은 손문으로 표기하였으나 습근평은 시진핑으로 표기하였다.

동아시아 미완의 혁명가들 -손병희, 후쿠자와 유키치, 손문

한국 근대사 조선문제의 중심 손병희

1919년 3·1독립만세운동 직후인 1919년 4월 「반도시론」이라는 잡지에는 '조선 문제의 중심 손병희의 반생(半生)'이라는 글이 실렸다. 1919년 3·1독립만세운동의 지도자 손병희가 당시 조선 문제의 중심에 서 있다는 내용을 담은 것이다. 그런데 손병희는 1919년 3·1독립만세운동 당시에만 조선 문제의 중심에 서 있었던 것이 아니다. 그는 1894년 동학 농민혁명 운동 시기에 남접의 지도자 전봉준과 함께 북접의 지도자로서 동학농민군이 십만여 명이 부상을 당하고 수만 명이 사망한 농민전쟁의 지도자로서 이미 조선 문제의 중심에 서 있었다. 결국 그는 한국 근대사의 가장 중요한 시기였던 1894년 동학 농민혁명 운동부터 1919년 3·1독립만세운동 시기에 이르기까지 약 25년 동안 조선 문제의 중심에 있었다.

1884년 김옥균 등이 중심이 된 갑신정변 이래로 한국인은 근대국가를 건설하기 위한 노력과 투쟁을 지속하여 왔다. 한반도에서 근대국가

를 건설하기 위해 몸을 던져 실천하였던 수많은 인물 중에서 손병희는 대단히 상징적이고 특별한 유산을 남겼다고 평가된다. 그는 서른넷의 나이에 동학 농민혁명군의 통령이자 북접의 지도자로서 남접의 녹두장군 전봉준과 함께 동학 농민혁명을 일으켰다. 동학 농민혁명은 아직 미숙하고 과도하게 급진적이어서 결국 실패하였으나 한국 근현대사에서 근대국가를 건설하기 위한 민중들의 가장 치열한 투쟁이었다.

그리고 손병희는 1919년 일본 제국주의로부터 독립과 민주공화제를 목표로 한, 3·1독립운동의 지도자로서 역할을 하게 된다. 3·1독립운동은 천도교, 기독교, 불교가 연대하고 좌파와 우파를 넘어선 통합적 민족독립운동이자 근대국가 건설 운동이었으며 이에 따라 상해임시정부 수립으로 이어지게 된다. 그러나 그는 3·1독립운동을 지도한 이유로 인해 옥고 등을 치뤄 근대국가의 수립을 못 본채 1922년 사망하였으며 올해가 서거 100주년이 된다. 누구보다 근대국가 건설을 위해 앞장섰던 근대국가 혁명가 손병희는 미완성의 상태에서 후대들에게 근대 문명국가 건설이라는 역사적 과제를 남겼다.

미완의 평화혁명가 손병희

21세기 오늘의 한반도는 식민지 시대의 유산이라 할 수 있는 남북분단을 아직도 극복하지 못한 채 한국은 자유민주주의 근대국가 문명을 완성하기 위한 노력을 지속하고 있고, 북한은 사회주의 근대국가 문명을 완성하기 위한 노력을 지속하면서 남북한 체제 경쟁은 계속되고 있는 상태이다. 19세기 말부터 손병희가 꿈꾸었던 한반도 근대국가 문명건설은 아직도 미완성 상태인 것이다. 동학사상에 기초한 근대국가 문명 건설을 꿈꾸었던 손병희의 후배 세대들은 한국에서는 천도교 활동으로 북한에서는 천도교청우당 활동 등으로 이어지면서 여전히 한반도의 통일된 근대국가 문명을 실현하기 위한 고민을 계속하고 있다. 그러나 21세기에 새롭게 형성되고 있는 미·중 신냉전 시대라는 엄중한 국제정세의 조건과 남북한 간의 얽히고설킨 체제 경쟁의 현실과 한국 내의 소위 보수·진보 간의 갈등은 한반도의 통일된 근대국가 문명의 완성이 절대 쉽지 않음을 보여주고 있다(필자의 『남북한 체제경쟁 성찰』 글마당(2021) 참고).

이 같은 어려움을 극복하기 위해서는 먼저 손병희 선생이 살았던 시대 즉 19세기 말 20세기 초에 자유민주주의 근대국가 문명을 앞세운 서양문명이 동양에 거칠게 밀려오면서 한국, 중국, 일본의 선각자들이 어떤 고민과 대응을 했었는가를 역사적으로 살펴서 그 교훈을 찾아야 할 것으로 생각한다.

1688년 영국의 명예혁명과 1776년 미국의 독립혁명으로부터 시작된 자유민주주의 근대국가 문명은 19세기에 유럽 강대국들 간의 아시아, 아프리카, 라틴아메리카에 대한 식민지 정복 쟁탈전으로 확대되게 된다. 그런데 이 같은 유럽 열강들의 식민지 쟁탈전을 일으키게 만든 자본주의 생산력의 증대는 영국과 미국을 중심으로 한, 자유민주주의 근대국가 시스템과 불가분의 연관관계에 있었다. 자유민주주의 근대국가 시스템은 영국 명예혁명의 이론가 존 로크, 자본주의의 설계사 애덤 스미스, '프랑스 혁명 성찰'을 통해 자유민주주의 정치이론을 발전시킨 에드먼드 버크, 미국 독립선언서 작성 등 미국 독립혁명의 이론가 역할을 하였던 토머스 제퍼슨 등이 만들고 발전시켜 왔다고 할 수 있다. 이들은 천부 인권사상에 기초한 인간의 자유권, 생명권, 재산권의 중요성을 강조함과 함께 인간의 불완전성에 대한 깊은 이해에 기초하여 견제와 균형이라는 근대국가 시스템을 만들고 발전시켰다.

  이에 따라 독립된 개인들의 무한한 잠재력들을 발양시켜서 인류 역사상 말 그대로 괄목상대할 물질문명의 발전을 가져왔다. 이에 따라 인류의 평균 소득이 21세기 가격 기준으로 BC 1000년 전 약 150달러, 1750년 산업혁명 직전 약 180달러로 거의 3000년 동안 변화가 크지 않았던 것이 2000년 기준 약 6,600달러로 크게 성장하였다. 이러한 영국과 미국 등의 유럽 근대국가들은 엄청나게 성장한 경제적, 군사적 힘을 앞세워 아시아, 아프리카, 라틴아메리카 국가들을 식민지화해 나갔던 것이며 동아시아의 한국, 중국, 일본도 예외가 될 수 없었다.

근대국가 문명 수용역사와 한국 및 중국과 일본의 차이

이 같은 서세동점(西勢東漸)의 시대에 한국, 일본, 중국의 선각자들은 치열한 사상적, 실천적 모색을 하게 된다. 그런데 동아시아 국가 중에서 서양문명에 가장 먼저 개방적 수용을 하면서 근대국가 문명을 도입하려 했던 국가는 일본이었다.

일본이 서양의 자유민주주의 근대국가 문명을 아시아 최초로 수용, 발전할 수 있었던 것은 역사적 원인이 중요하게 작용한다. 한국과 중국이 서양 근대국가 문명을 수용하는 과정에서 가장 중요한 역할을 한 인물은 이탈리아 출신의 가톨릭 예수회 선교사 마테오 리치였다. 그는 베이징에서 1603년 『천주실의(天主實義)』발간 등을 통해 천주교와 서양문명을 중국에 전파하였다. 정약용 등 조선인의 천주교 수용과 확산에도 큰 영향을 미친 『천주실의』는 가톨릭 교리 및 중세철학과 유교, 불교, 도교를 비교하는 등 동서 사상 교류사에서 중요한 역할을 하였다.

반면에 일본에서는 비슷한 시기인 1600년 일본 근처에서 표류하다 기착한 네덜란드 상선 영국인 항해사 윌리엄 애덤스를 당시 일본 전국시대를 평정한 도쿠가와 이에야스가 직접 만난 것을 계기로 서양 근대국가 문명을 수용해나가기 시작한다. 이는 일본에서 난(네덜란드)학으로 발전되어 일본이 근대국가 문명으로 전환하는 과정에서 중요한 밑거름 역할을 하게 된다. 일본 근대국가 문명의 아버지로 평가되는 후쿠자와 유키치(1835~1901)가 서양 근대문명을 배울 때 네덜란드어 공부를 시작으로 영어를 배우고 도미 유학까지 하게 된 것은 우연이 아니었다.

그런데 이탈리아 출신의 가톨릭 선교사 마테오 리치로부터 서양 근대국가 문명을 수용하기 시작한 한국, 중국과 네덜란드 상선, 영국인 항해사로부터 서양 근대국가 문명을 수용하기 시작한 일본의 운명은 이미 17세기 초부터 다른 길을 예정하고 있었다고 분석된다. 서양의 자유민주주의 근대국가 문명을 선도하였던 1688년 영국의 명예혁명, 1776년 미국의 독립혁명을 이끌었던 핵심 주체들은 영국, 미국, 네덜란드 등의 프로테스탄트(개신교도)들이었다. 반면에 마테오 리치가 소속되었던 가톨릭 예수회는 프로테스탄트들을 중심으로 한, 종교개혁과 근대국가 혁명 과정에서 중세봉건 시대의 기득권 세력이었던 가톨릭의 대응 전략 차원에서 만들어진 것이었다.

이러한 마테오 리치와 윌리엄 애덤스의 차이는 한국 및 중국과 일본이 서양 근대국가 문명을 수용하는 역사적 과정에서 내용상의 중요한 차이를 낳게 되었다고 할 수 있다. 즉 일본은 인간의 자유권, 생명권, 재산권을 철저히 옹호하고 견제와 균형 원리를 실현하는 근대국가 시스템을 더 먼저 적극적으로 수용하게 되었다고 할 수 있다. 그 맨 선두에 있었던 사람이 일본의 후쿠자와 유키치였다. 반면에 한국과 중국은 완고한 주자 성리학의 영향을 받은 수직적 질서의 저항 속에서 자유민주주의 근대국가 문명에 대한 수용은 더디고 복잡하고 어려운 우여곡절 과정을 거치게 된다. 한국에서 그 한복판에 서 있었던 사람이 손병희였다면, 중국에서 그 변화의 소용돌이에서 고난을 겪었던 사람이 손문이었다.

동아시아 미완의 근대국가 혁명가들 손병희, 손문, 후쿠자와 유키치

그러나 자유민주주의 근대국가 문명으로 전환 과정에서 동아시아에서 최선두에 나섰던 후쿠자와 유키치도, 뒤늦게 출발하여 간난신고를 겪었던 손병희와 손문도, 자유민주주의 근대국가 문명을 완성하지는 못하였다. 손병희는 일본제국주의의 식민지로 전락한 한반도의 현실에서 몸부림치다 스러져 갔고, 중국의 손문 역시 일본과 유럽 열강들의 경쟁적인 침략 과정에서 그의 꿈은 좌절될 수밖에 없었다. 일본의 후쿠자와 유키치 역시 독립된 개인의 자유에 기초한 자유민주주의 근대국가를 꿈꾸었으나 후발 제국주의 국가인 일본의 군국주의화를 저지하는 것은 실패하였다.

동아시아의 대표적인 근대국가 혁명가들인 한국의 손병희, 중국의 손문, 일본의 후쿠자와 유키치의 꿈이었던 자유민주주의 근대국가 문명의 완성은 미완으로 끝났다. 그리고 21세기 동아시아는 새로운 차원에

서 미·중 신냉전의 한복판에 놓여있다. 한국은 여전히 한반도의 평화와 통일 나아가 근대국가 문명의 완성이라는 과제를 안고 있고, 중국은 공산당 권위주의의 강화와 패권적 민족주의라는 문제에 더하여 대만 사태의 전쟁 가능성까지 거론되는 위험한 상태에 놓여있다. 일본은 많은 경제적 성취를 이루었으나 내적으로는 노인 국가화의 문제, 외적으로는 중국과의 동아시아 헤게모니 경쟁 등의 과제를 안고 있다.

중도 사상 즉 통찰력에 기초한 손병희에 대한 재평가

이 같은 문제들을 극복하기 위해서는 손병희, 손문, 후쿠자와 유키치가 동아시아 근대국가의 여명기에 그들이 고민했던 사상과 실천에 대해 좀 더 깊이 있게 분석, 평가하여 중요한 교훈을 찾아서 21세기 새로운 사상과 비전을 만들어야 할 것이다. 특히 올해 손병희 선생 서거 100주년을 맞이하여 손병희에 대한 재평가는 큰 역사적 의미를 가질 수 있을 것이다.

필자는 10대 후반 『백범일지』를 읽고 민족주의자가 되었고, 대학 학생운동 시절 레닌의 『국가와 혁명』 등을 읽고 사회주의자가 되었으며, 1993년 감옥에서 나와 10여 년의 새로운 사상적 모색기를 거쳐 2004년 이후 에드먼드 버크의 『프랑스 혁명 성찰』 등의 영향을 받아 자유민주주의자가 되었다. 2009년 이후에는 명상 수행과 새로운 공부를 하였는데, 2020년 겨울에 중도(中道) 즉 진공묘유(眞空妙有)의 작은 깨달음을 얻었다. 이러한 인식의 변화에 따라 2021년 평생의 화두였던 통일문제연구에 대한 총괄 차원에서 『남북한 체제경쟁 성찰』(글마당)을 중도 사상에 기초하여 정리할 수 있었다.

그런데 중도회통 사상을 연구하면서 내린 결론은 중도회통 사상의 깊은 면모를 보여주었던 탄허 스님의 유교, 불교, 도교, 기독교를 포괄하는 사교회통 사상을 실제 실천적으로 구현한 인물이 바로 손병희 선생이었음을 깨닫게 되었다. 손병희는 3·1독립운동 때 유, 불, 도를 통합한 동학에 기초하여 기독교, 불교 간의 대 연대를 실천적으로 현실화시켜 역사적인 3·1독립운동을 성공적으로 이끌어 냈다.

이 책에서 손병희에 대한 재평가는 그가 실천을 통해 보여주었던 중도회통 사상(中道會通思想)에 기초하여서 해보고자 한다. 중도(中道)사상은 그 무슨 중간의 길이 아니다. 중도 즉 진공묘유의 핵심은 껍데기는 버리고 알맹이를 찾아내는 통찰력이다. 손병희가 동학 농민혁명으로부터 시작하여 3·1독립만세운동에 이르기까지 실천적으로 모색했던 철학 사상적 기초가 중도 사상이었으며 이를 3·1독립운동의 평화적 혁명 사상으로 발전시켰다. 이러한 중도 사상에 기초하여 한국과 동아시아의 근대국가 혁명 운동사와 손병희에 대한 역사적 평가를 새롭게 정리해보고자 한다.

목차

머리말 – 동아시아 미완의 혁명가들 손병희, 후쿠자와 유키치, 손문 • 3

1 PART 동아시아 혁명의 시대를 열다

갑신정변부터 동학 농민혁명까지 • 15

전봉준과 손병희 • 26

동학사상과 좌파적 근대국가 혁명의 시도 • 36

프랑스 혁명과 동학 농민혁명 • 49

동학 농민혁명 운동 시기의 손문과 후쿠자와 유키치 • 61

2 PART 동아시아 평화적 혁명 운동, 3·1운동의 지도자 손병희

동학 농민혁명부터 3·1독립운동까지 • 73

미국 윌슨대통령의 민족자결주의와 3·1독립운동의 사상 • 85

러시아 혁명과 3·1독립운동의 사상 • 97

3·1독립운동의 이념; 손병희의 민주공화제와 상해임시정부 • 108

3·1독립운동시기의 손문과 후쿠자와 유키치 • 118

3
PART

3·1운동지도자들의 중도회통 사상

한국의 근대국가 혁명 운동과 동학의 역할 • 131

3·1운동시기의 동학과 기독교의 중도회통 사상;
손병희와 이승훈 • 144

3·1운동시기의 동학과 불교의 중도회통 사상;
손병희와 한용운, 용성 • 154

4
PART

손병희의 종교사상과 근대국가 혁명 사상

최제우, 최시형, 손병희와 동학 사상 • 167

삼전론, 천도태원경과 인내천 사상 • 180

손병희의 근대국가 혁명 사상의 변화에 대한 이해 • 191

한국의 손병희와 일본의 후쿠자와 유키치의 비교 • 205

한국의 손병희와 중국의 손문의 비교 • 221

맺음말 - 21세기 중도 사상과 평화

동학과 근대국가 문명 간의 융합이 21세기 중도 사상 • 234

서양의 자유론과 동학의 성경신 간의 융합 • 247

21세기 중도 사상과 평화 • 255

부록

인터뷰(에포크 타임스) • 271

이승만 대통령의 손병희 선생 안부 편지 • 290

동아시아 혁명의
시대를 열다

갑신정변부터 동학 농민혁명까지

    1884년 갑신정변은 한국의 근대국가 문명으로의 전환을 위한 첫 번째 시도였다. 김옥균, 박영효, 서재필을 중심으로 한 개화파는 1883년 박영효가 발행한 한성순보 등을 통해 입헌군주제와 삼권분립의 우월성 등을 주장하면서 조선의 근대국가 문명으로의 전환 필요성을 제기해 왔다.

    그리고 1882년 임오군란 이후 본격화된 청나라의 개입과 조선 고종 정부의 수구성과 충돌하다 1884년 청나라 군대 절반의 베트남 파병 사건을 계기로 개화파 정권 수립을 추진하였으나 3일 천하로 끝났다. 김옥균, 박영효 등을 중심으로 한, 수백 명의 개화파 세력이 천오백 명의 청나라 군대에 의해 진압 당한 것이다.

    개화파 지도자 김옥균 등은 1870년대에 개화파 박규수 등과 개화승

이동인 등으로부터 개화 사상을 배우고 발전시켰다. 김옥균은 일본의 근대화 실정을 시찰하기 위해 1881년 말 일본으로 건너가 일본의 명치유신(明治維新, 메이지유신) 진전 과정을 돌아보고 일본의 대표적인 정치가들과도 접촉하면서 일본의 정치적 동향 등을 파악하였다.

김옥균은 일본이 동양의 영국과 같이 되어가는 데 조선은 동양의 프랑스와 같은 자주 부강한 근대국가를 만들어야 하며 이를 위해서 정치적 대경장개혁(大更張改革)의 필요성을 주장하였다. 그리고 양반 신분제도의 폐지, 신분에 구애받지 않는 인재의 등용, 국가재정 개혁, 근대 공업의 건설, 선진 과학기술의 도입, 상업의 발달과 회사 제도의 장려, 종교와 신앙의 자유 허용 등 국가의 총체적 개혁을 통한 근대국가 문명으로의 전환을 추진하였다.

그러나 청나라는 김옥균 등의 자주 근대화정책이 그들의 속방화 정책을 반대하고 조선의 독립을 추구하는 것으로 판단하여 김옥균 등의 개화파 세력을 전면적으로 탄압하였다. 임오군란 후 김옥균, 박영효 등은 1882년 9월, 1883년 6월 두 차례 일본을 방문하여 국채를 모집하는 등 조선의 개혁을 위해 일본의 협조를 이끌어 내 일본 근대화의 아버지인 후쿠자와 유키치 등의 지원을 받기도 하였으나 일본 전체의 협력을 만들지는 못하였다.

김옥균의 근대화를 향한 꿈과 청나라의 진압

이 같은 상황에서 조선의 국가적 위기에 초조감을 느꼈던 김옥균 등은 임오군란을 계기로 주둔하고 있던 청나라 군사의 절반이 베트남에 파병되는 조건을 역사적 기회로 판단하여 갑신정변을 일으켰던 것이다. 김옥균 등 개화파는 갑신정변을 단행한 뒤 12월 5일 혁신정강(革新政綱)을 제정하는 등 대개혁 정치를 통한 국정의 총체적 개혁을 추진하였으나 청나라 군대의 반격으로 정변은 실패로 귀결되고 만다. 갑신정변 주체들의 정세 판단 능력, 정치력, 조직력 등의 한계를 명백히 드러낸 것이었다.

갑신정변 실패 이후 김옥균, 박영효, 서재필 등은 일본으로 망명하였으나 일본 정부의 냉대를 경험할 뿐이었다. 김옥균은 1894년 상해로 망명하였다가 명성황후 수구파의 자객에게 암살당하였는데 동학 농민혁명에 따른 갑오경장 이후 사면 복권되었다. 갑신정변의 또 다른 주역인 박영효는 일본 망명 생활 중 1900년대 초에 동학 농민혁명 운동 실패 이후 세계 사정을 배우려 일본에서 수년 동안 망명 생활을 하는 손병희(孫秉熙)와 교류를 하기도 한다.

원세개(袁世凱)의 총독정치와 동학 농민혁명 운동

임오군란을 계기로 확대되어온 청나라의 조선에 대한 개입은 갑신정변 실패를 계기로 더욱 강화되어 1885년 감국대신으로 칭해진 원세개를 중심으로 한 총독정치가 1894년 동학 농민혁명과 청일전쟁 시기까지 계속되었다.

1894년 동학 농민혁명을 계기로 하게 된 갑오경장 연구로 미국 하버드대에서 박사학위를 받은 유영익 전 연세대 교수의 연구에 의하면 '원세개는 1885년부터 1894년까지 약 10년 동안 고종보다 권한이 많았던, 조선의 실질적 통치자였다'고 분석하였다. 그리고 그의 연구에 의하면 원세개(袁世凱)는 많은 조선 여자들을 건드려 자식도 낳았으며, 궁중에 들어갈 때는 다른 외국사절은 말에서 내려야 하는데 임금이 있는데까지 말을 타고 가서 임금하고 똑같은 자리에 앉았다고 한다.

그리고 환갑이 넘은 대신들이 앉아 있는데 말을 안 들으면 원세개가 따귀를 20대나 때렸다고 한다. 이에 한국 사람들이 임금보다도 원세개를 더 무서워하여 원총리, 원대감이라 칭했다. 이 같은 원세개의 무도한 총독정치는 1894년 청일전쟁에서 청나라가 일본에 패배하고 맺어진 1895년 시모노세키조약에 의해 종언을 고하게 된다.

이처럼 원세개의 무도한 총독정치가 약 10년 동안 지속되었고 1636년 병자호란 이후 수백 년 동안 지속되어온 조선 정부의 파벌정치 만연과 누적된 무능과 부패는 혁명 전야의 모든 객관적 조건을 갖추어 가고 있었다. 이 같은 조건에서 전라도 고부군수의 학정은 광야를 불사르는 불씨 역할을 하면서 동학 농민혁명 운동으로 발전된 것이다.

동학 농민혁명 운동의 보국안민과 갑오개혁

1894년 4월 전봉준 등은 이번의 거사는 탐관오리의 숙청과 보국안민 (輔國安民)에 있음을 천명하는 창의문을 발표하였다. '무장동학포고문' 으로도 불리는 이 창의문에서 과감히 봉기할 것을 요청하자 동학교도 와 농민이 결합하여 전라도 백산(白山)에 집결하였다. 이후 전봉준이 동 도대장(東徒大將)으로 추대되고 손화중·김개남이 총관령(總管領)이 되었 다. 창의문 내용은 ① 사람을 죽이거나 재물을 손상하지 말 것, ② 충효 를 다하여 세상을 구하고 백성을 편안히 할 것, ③ 일본 오랑캐를 내쫓 아 성도(聖道)를 밝힐 것, ④ 군사를 거느리고 입경하여 권귀(權貴)를 모 두 죽일 것 등이었다. 백산 동학 농민군의 결성과 봉기는 민란적인 성격 을 넘어서서 반봉건, 반외세를 내세운 외세와 집권층에 대한 정면 도전 이자 혁명 운동으로 발전하고 있음을 보여주었다.

그런데 동학 전체의 교주이자 북접의 지도자였던 최시형(崔時亨)은 초기에는 거사에 반대하고 순수한 종교운동을 고수하였다. 그러나 동학 중진 지도자들의 설득을 수용하여 5월 6일 교주 최시형의 이름으로 각 지방의 동학 접주에 통문을 보내게 된다. 이에 따라 손병희 지휘 아래의 1만 명에 이르는 북접의 동학 농민군이 청산(靑山)에 집결하면서 남·북 접이 함께 동학 농민혁명 운동을 주도하게 된다.

이 과정에서 1차 봉기를 빌미로 조선에 개입한 일본군은 6월 2일 김 홍집을 앞세운 친일 내각을 설립하여 조선 정부의 내정개혁을 강요하였 고, 6월 23일 청일전쟁을 일으키면서 6월 25일 1차 갑오경장을 강행하였 다. 이후 전봉준은 일본군 척결을 위해 9월 2차 봉기에 나서 서울로 향했 고, 반일 감정이 쌓여 있던 충청도, 경상도, 강원도 등 농민혁명군은 전 국적으로 항일운동을 확산시켰다. 민중봉기가 확산하자 조선 정부는 일 본에 출병을 요청하여 동학 농민혁명군을 진압하도록 하였다.

동학 농민혁명 운동과 '우금치 학살사건'

10월 21일 전봉준의 최대 수만여 명의 호남군과 손병희의 수만여 명 의 호서군은 관군과 일본 연합군과 전투를 벌였으나 상대방의 막강한 근대적 무기와 화력으로 인해 우금치(于金峙)에서 결정적 패배를 당하 였다. 이후 1895년 1월 전봉준에 이어 손화중 등 동학 농민 지도부 대 부분이 체포되고 교수형에 처해져 동학 농민운동은 실패로 끝나게 된다. 우금치의 공방전은 동학 농민군으로서는 운명을 건 일대 혈전이었다. 그러나 6, 7일간에 걸친 40~50회의 격전은 우수한 근대식 무기와 장비로 훈련된 일본군에게 동학 농민군은 학살당하다시피 하면서 참패한 것이다.

동학 농민혁명 운동은 참패로 끝났지만, 국내외적으로 큰 변화를 가져왔다. 국내적으로는 갑신정변 주역들의 주장이었던 개혁의 내용을 반영한 갑오개혁(甲午改革)의 정치혁신을 가져왔다. 또한 동학 농민혁명군은 이후 항일 의병항쟁의 중심 세력이 되었고, 그 흐름은 3·1독립운동으로 계승되게 된다. 그리고 국외적으로는 청일전쟁의 계기가 되어 동아시아 정세의 대변동을 가져오게 된다.

동학 농민혁명 운동과 청일전쟁, 동아시아 정세의 대변동

1894년 동학 농민혁명은 조선 국내적으로도 많은 변화를 가져왔을 뿐만 아니라 근대 동아시아 정세의 근본적 변화를 가져온 출발점이 되었다. 동학 농민혁명에 대한 개입과정의 충돌이 계기가 된 청일전쟁은 명나라 이후 5백여 년 동안 동양 세계의 패권적 질서를 주도해온 중국 중심의 동아시아 질서가 근본적으로 바뀌는 계기가 된다. 몽골족 중심의 세계제국 원나라는 한족 중심의 중국 문명이라고 볼 수 없는데, 여진족

중심의 청나라의 경우 논란의 여지가 있지만 내용적으로 여진족 중심의 문화가 한족 중심의 중국 문명에 흡수되어 버린 측면이 강하다. 따라서 청나라의 경우 중국 문명과 연관된 국가로 평가할 경우에 14세기 명나라 건국 이후 약 500여 년 동안 동양 세계의 헤게모니를 유지해오던 중국 문명이 세계사적인 근대국가 문명으로의 전환에 뒤처진 결과 1894년 청일전쟁에서 일본에 패배함으로써 동아시아 질서의 주도권을 빼앗기게 되는 중요한 역사적 계기가 된다.

세계사적인 근대국가 문명으로의 전환기에 중국과 일본은 아시아의 패권을 다투는 경쟁을 벌이게 되며 그 주요한 무대가 조선이었다. 일본은 아시아에서 최초로 근대국가 문명으로의 전환을 추진한 1868년 메이지유신 이후 조선에서 청국의 간섭을 배제한 채 조선과 강화도 수호조약을 1876년 강제로 체결하여 부산, 인천, 원산을 개항시켰다. 그런데 청나라는 1882년 임오군란을 기회로 한 출병을 통해 조선 내정에 개입하면서 조선에서 주도권을 잡았고, 1884년 갑신정변을 진압한 이후 1885년부터는 원세개를 앞세운 실질적인 총독정치를 실행하게 된다. 일본은 이에 대응하여 갑신정변 이후 청나라와 맺었던 '텐진조약(天津條約)'의 양국 군대 철수 약속 이후 한국에 출병 시 상호 통고하기로 약속했던 조항을 이용하게 된다. 즉 1894년 동학 농민혁명을 계기로 청나라 군대가 개입하자 이를 빌미로 조선에 대한 전면 개입과 청일전쟁을 추진하게 된다.

동학 농민혁명군 진압에 대한 출병 요청을 빌미로 조선 문제에 전면 개입한 일본은 조선 청나라 간 통상 무역 장정을 폐기하는 등 국교를 단절시키고 조선을 무대로 한 청일전쟁을 추진하게 된다. 1868년 메이지 유신을 통해 아시아 최초의 근대국가 혁명을 성공시켜서 경제적, 군사적으로 동아시아 최고 수준의 발전을 이루어 가고 있던 일본은 1840년 아편전쟁 이래로 망국의 길로 내리막길을 걷던 청나라를 결정적으로 패퇴시키는 전쟁을 시작한 것이다.

이에 일본군은 1894년 동학 농민혁명 운동이 진행 중이던 시기에 아산만 앞바다 풍도(豊島) 전투, 성환(成歡) 전투, 평양 전투, 압록강 전투 등에서 승리하였고 나아가 요동 반도의 여순(旅順), 산둥반도의 위해(威海)까지 점령하면서 청나라의 북양함대(北洋艦隊)를 패퇴시켰다.

이에 미국의 중재로 일본과 청나라는 1895년 4월 시모노세키조약을 체결하여 일본은 승전 대가로 거액(청나라 1년 예산의 2.5배)의 배상금과 요동반도(遼東半島), 대만(臺灣)을 할양받았다. 그러나 일본을 경계한 러시아, 프랑스, 독일 3국 간섭으로 요동반도는 반환하게 된다.

동아시아 질서의 격변과 조선의 운명

결국 1884년 갑신정변으로부터 시작되었던 조선의 근대국가 문명으로의 전환을 위한 노력은 1894년 동학 농민혁명 운동으로 이어지면서 수만여 명의 사상자를 내는 등 치열한 분투의 과정이 있었으나 결국 주체적 역량의 한계로 좌절하게 된다. 그러나 피어린 동학 농민혁명 운동은 1894년 갑오경장이라는 국내적 차원의 부분적이나마 변화를 가져오는 계기가 되었다. 일본의 후원 아래 갑오개혁은 김홍집과 갑신정변의 주역이었던 박영효 중심으로 진행되었다. 기본적으로 청나라에 대한 전통적인 사대 정책을 철폐하고, 서양 및 일본의 근대국가 문명을 모델로 하는 반봉건적인 혁신적 개혁을 단행하였다.

그리고 동학 농민혁명을 계기로 한 청일전쟁은 조선에서의 일본과 청나라의 헤게모니 쟁탈전이라는 성격을 넘어서서 근대 동아시아 질서의 대격변을 본격적으로 시작하는 출발점이 되게 된다.

이를 세계사적 차원에서 보면 1688년 영국의 명예혁명과 1776년 미국의 독립혁명으로부터 시작된 자유민주주의 근대국가 문명 그리고 이와 연동하여 18세기 중반부터 시작된 산업혁명은 세계사적인 대변화를 가져오게 된다. 영국, 네덜란드, 미국 등을 중심으로 추진되었던 자유민주주의 근대국가 문명은 19세기에 나폴레옹의 등장, 독일통일 등을 거치면서 유럽 선진자본주의 국가들의 제국주의화 즉 식민지쟁탈전으로 이어지면서 아시아, 아프리카, 라틴아메리카 국가들은 식민지의 시대라는 고통의 역사를 경험하게 된다.

이러한 세계정세의 변동과정에서 일본은 17세기 초반부터 네덜란드와의 교류 등을 통해 서양 근대국가 문명을 아시아에서는 가장 빠르게 흡수하였고, 결국 1868년 아시아 최초로 근대국가 문명으로의 전환을 추진한 명치유신을 단행하게 된다.

이에 따라 동아시아 구질서의 헤게모니를 쥐고 있던 청나라와 동아시아 신질서의 헤게모니를 추구하였던 일본이 조선의 동학 농민혁명 운동을 계기로 조선을 주 무대로 충돌하게 된 것이 청일전쟁이었다. 그리고 청일전쟁은 필연적으로 신흥 근대국가 강국이 된 일본의 승리로 귀결되었으며 이에 따라 동아시아 질서는 근본적으로 새로운 변화 국면을 맞이하게 된다.

전봉준과 손병희

조선의 근대국가 문명으로의 전환을 추진하였던 첫 번째 역사적 사건은 갑신정변으로 그 주요 인물은 김옥균, 박영효, 서재필 등이었다. 그러나 갑신정변은 그 주체 세력이 불과 수백 명에 불과했고, 정세 판단 능력, 정치력, 조직력 등의 한계로 인해 청나라 군대 1,500명에 의해 진압당하였다. 반면에 전봉준, 최시형, 손병희 등이 중심이 되어 추진했던 동학 농민혁명 운동은 참여자가 수십만 명에 달하였고 사상자가 수만 명이 되는 등 한국 근현대사에서 최대 규모로 가장 치열하게 근대국가 문명으로의 전환을 추진했던 혁명 운동이었다. 그러나 동학 농민혁명 운동 역시 주체 세력의 근대국가 문명에 대한 이해의 부족, 당시 세계정세와 동아시아 정세에 관한 판단 능력의 부족, 전략 전술 능력 등의 부족으로 인해 마지막 우금치 전투에서 근대화된 무기로 무장한 일본군에 의해 수만 명이 학살당하다시피 하는 참패를 겪고서 혁명 운동은 실패하게 된다.

    동학 농민혁명 운동 과정에서 전봉준은 강경파를 대표하고 손병희는 온건파를 대표한다고 할 수 있다. 동학 농민혁명 운동의 초기에 핵심적 지도자 역할을 한 전봉준이 동학 남접을 중심으로 한 무장투쟁을 이끌었던 반면에 최시형을 중심으로 한 충청도 중심의 동학교도인 북접은 초기에는 종교적 입장을 중시하면서 농민들의 무장투쟁에 참여하는 것을 주저하였다. 특히 남접의 전봉준 등을 가리켜 '국가의 역적이며 사문(師門)의 난적'으로 비판하기도 하였다. 그러나 오지영(吳知泳) 등의 조정안으로 타협하여 항일 구국 투쟁 공동전선을 추진하기로 하고 손병희를 중심으로 1만 명에 이르는 북접의 동학농민군이 청산(靑山)에 집결한다. 뒤이어 남, 북접이 논산에서 합세하여 공주로의 북상 계획을 세웠다. 이후 동학 농민혁명 최대 규모이자 최후의 전투인 우금치 전투를 치르게 된다.

동학 농민혁명 운동 강경파 녹두장군 전봉준

    전봉준은 1855년 전북 고창에서 태어나 동학 농민전쟁의 주역으로 녹두장군으로 불린 인물이다. 부친이 고부군수 조병갑의 학정에 저항하다 죽임을 당하였다고 하며 전봉준은 안정된 생업이 없이 약을 팔아 생계를 유지하면서 동네 아이들을 가르치는 훈장을 했다고 한다. 1890년에 동학에 입교 직후에 동학의 2대 교주 최시형(崔時亨)으로부터 고부 지방의 동학 접주(接主)로 임명되었다. 동학에 참여한 동기는 동학이 경천수심(敬天守心)의 도(道)로, 충효를 근본으로 삼고 있기 때문에 보국안민(輔國安民)하기 위해서였으며, 동학을 무능 부패한 조선 사회의 개혁을 할 수 있는 지도 원리로 인식하고 동학과 농민의 결합 문제를 많이 고민했다고 한다.

농민 봉기의 불씨가 된 것은 영의정 조두순(趙斗淳)의 조카 고부 군수 조병갑의 학정에서 비롯되었다. 1893년 말 동학 접주 전봉준을 중심으로 조병갑에게 진정하였으나 쫓겨난 사건을 계기로 1894년 1월 1,000여 명의 동학 농민군을 이끌고 봉기하였다. 이 사건이 동학 농민혁명 운동의 시발점이 되었다. 농민군은 무기고를 파괴하여 무장하고 불법으로 빼앗겼던 세곡(稅穀)을 창고에서 꺼내 농민들에게 돌려주었다. 이후 정부는 조병갑 등을 처벌하고 수습에 나섰으나 조선 정부의 누적된 부패와 무능함에 대해 오랜 세월 불만이 누적되었던 농민군들은 해산하지 않고 백산(白山)에서 주둔하고 있었다.

그런데 조선 정부가 사태 수습 과정에서 사태의 책임을 동학교도들에게 돌리면서 탄압하자 이에 분노하여 1894년 3월 하순 인근 각지의 동학 접주에게 통문을 보내 보국안민을 위하여 봉기할 것을 호소하였다.

이에 따라 백산에 집결한 동학농민군의 수는 1만 명이 넘었으며, 여기에서 전봉준은 동도대장(東徒大將)으로 추대되고 손화중(孫和中), 김개남(金開南)을 총관령(總管領)으로 삼아 보좌하게 하였다. 전봉준은 4개 항의 행동강령을 내걸고 창의(倡義)의 뜻을 밝혔으며 또한 격문을 작성, 통문으로 각처에 보내서 농민들의 적극적인 호응을 요청하였다. 이로써 민란은 전반적인 동학 농민전쟁으로 전환되었다.

1894년 4월 4일 전봉준이 이끄는 동학 농민혁명군은 부안을 점령하고, 전주를 향하여 진격 중 황토현(黃土峴)에서 관군을 대파하고, 이어서 정읍, 흥덕, 고창을 석권하는 등 전북지역을 대부분 장악하였다. 여기에서 전봉준은 창의문을 발표하여 동학 농민이 봉기하게 된 뜻을 재천명하였고, 4월 12일에서 4월 17일 사이에는 영광, 함평, 무안 일대에 진격하고, 4월 24일에는 장성을 출발하여 4월 27일에 전주성을 점령하였다.

조선 정부의 외국군 출병 요청과 일본군의 개입

그런데 정부는 이에 대응하는 과정에서 양호초토사(兩湖招討使) 홍계훈(洪啓薰)이 정부에 외국군 출병을 요청하였고, 결국 정부의 원병 요청으로 청나라 군대가 충청남도 아산만에 상륙하고 일본군도 톈진조약을 빙자하여 제물포(지금의 인천)에 들어왔다. 동학 농민혁명군은 국가 운명이 위태로워지자 홍계훈과 타협, 절충하여 폐정개혁안(弊政改革案)

으로 5월 7일 전주화약을 맺게 된다. 그리고 전라도 각 지방에는 집강소(執綱所)를 두어 폐정의 개혁을 위한 행정관청의 구실을 하도록 하였다.

그러나 오래지 않아 청일전쟁이 일어나 사태는 또 다른 국면으로 접어들게 된다. 마침내 9월 중순을 전후하여 동학 농민군은 항일 구국의 기치 아래 다시 봉기하였다. 여기에 전봉준 휘하의 수만여 명의 남접 농민군과 최시형을 지도자로 모시고 있던 손병희 휘하의 수만여 명의 북접 농민군이 합세하여 논산에 집결하였다. 전봉준은 자신의 주력부대 1만여 명을 이끌고 공주를 공격하였으나 몇 차례의 전투를 거쳐 11월 초 우금치(牛金峙) 싸움에서 대패하였고, 나머지 농민군도 금구(金溝) 싸움을 마지막으로 일본군과 정부군에게 진압되고 말았다.

그 뒤 전라도 순천 및 황해도, 강원도에서 일부 동학 농민군이 봉기하였으나 모두 진압되었으며, 전봉준은 정읍 등지에서 피신하였다가 순창에서 과거의 부하 김경천(金敬天)의 밀고로 12월 2일 체포되어 이듬해 교수형에 처해졌다.

동학 농민혁명 운동의 온건파 최시형, 손병희

손병희는 동학의 3세 교주였고, 동학 농민혁명 운동의 지도자이자 일제하 3·1독립만세운동의 지도자였다. 도호(道號)는 의암(義菴)이고 충청북도 청원 출신이며 방정환(方定煥)이 사위이다. 기질이 호방하고 의리가 남달랐다고 한다. 22세 때인 1882년 동학에 입도하였다. 입도 3년 만에 제2세 교주 최시형(崔時亨)의 깊은 신임을 얻었다고 한다.

1892년에는 최시형 등 간부들과 함께 교조 최제우(崔濟愚)의 신원운동(伸寃運動)을 전개했고, 나아가 척왜척양(斥倭斥洋)을 주장하였다. 이후 충청북도 보은에서 '보국안민(輔國安民)'과 '척왜척양' 등을 주장하며 시위운동을 전개하였는데 이 과정에서 손병희는 최시형의 핵심 참모가 되었다.

이 시기에 전봉준은 고부군수 조병갑(趙秉甲)의 학정을 반대하는 투쟁을 추진하였으며, 1894년 고부민란을 거쳐 동학 남접의 도인들과 농민들을 규합하여 본격적인 동학 농민혁명 운동으로 발전시키고 있었다. 이 과정에서 남, 북접 간에 견해 차이가 생기고 미묘한 갈등이 생기자 최시형은 타협 조절을 대도소(大都所)에 맡겼다. 손병희는 두령으로서 대도소장(大都所長) 김연국(金演局) 등과 함께 남접에 대한 비판을 강하게 하였다. 이후 오지영(吳知泳)의 중재로 1894년 보국안민의 기치 아래 공통투쟁하기로 타협해 갈등은 극복되었다. 이후 손병희는 북접통령(北接統領)이 되어 공주전투 등 항일 구국 투쟁에 나서게 된다. 나아가 북접 산하 동학교도를 지휘, 통솔해 논산에서 남접의 전봉준과 합세하였다. 그러나 공주 우금치 전투에서 패배해 남접과 헤어졌다.

이후부터 최시형과 함께 충주 부근에 이르렀으나 12월 14일 개별적으로 행동하기로 하고 해산하였다. 그 뒤에 최시형과 손병희 등 주요 간부들은 관군의 추격을 받았으나 생존한 북접 간부들의 노력으로 교세는 명맥을 유지하였다. 특히 탄압의 손길이 적게 미쳤던 함경도와 평안도 지방으로 피신해 그곳의 교세 확장, 포교에 힘썼다. 최시형의 깊은 신뢰를 얻어 의암이라는 도호를 받았으며 1897년 12월 실질적인 동학의 제3대 교주로서 해야 할 역할을 하다 최시형이 체포, 처형된 후 교주가 되었다.

최시형의 후계자 손병희, 동학의 3대 교주가 되다

손병희는 교주가 된 뒤 동학의 재건에 진력하였으며, 우금치 전투의 참패이후 세계동향을 알아보고자 미국 시찰을 계획하였으나 실패하고 일본을 방문하였다. 1901년 이후 일본과 중국 상해를 오가면서 세계동향을 연구했으며 일본 체류 시에는 갑신정변의 주역이었던 박영효 등도 만났다고 한다. 그리고 동학교도들에게 새로운 근대국가 문명을 배우도록 일본 유학을 알선하기도 했다.

1904년 러일전쟁이 일어나자 국내 동학교도들에게 진보회(進步會)를 조직하게 하였으며 '삼전론(三戰論)'을 발표하여 교육하게 하였다. 진보회는 회원이 11만 명에 달하는 큰 단체로 발전하였으며, 390여 개의 지회조직을 통해 30여 만 명이 단발(短髮)을 실천하는 등 생활개혁 운동에 나서기도 하였다. 그러나 이 단체가 동학교도인 것이 알려지자 정부와 일본은 동학 농민혁명 운동을 회상하여 탄압하게 된다.

일본식 개화운동 '진보회'와 친일파 이용구의 '일진회' 문제

이 과정에서 친일파 송병준의 유신회(維新會)와 손병희를 배신한 이용구의 세력이 합하여 친일조직 일진회를 확대시켜 나가면서 손병희의 진보회 운동은 심각한 타격을 받게 된다. 이에 따라 조선의 자주적인 근대국가 문명으로의 전환을 통해 일본과 대등한 동맹관계를 정립하고 나아가 러일전쟁의 공동승전국이 되려고 했던 구상은 실패하게 된다.

이후 손병희는 동학을 배반하고 친일노선으로 변질된 이용구 일파를 축출하고 정교분리(政敎分離) 원칙을 세우면서 '동경대전(東經大全)'의 '도즉천도(道則天道)'를 인용해 동학을 천도교로 개칭하면서, 종교운동 중심으로 전환하게 된다. 동학을 계승한 천도교는 '인내천 사상(人乃天思想)'을 앞세우고 후천개벽(後天開闢)은 인심개벽(人心開闢)에서 시작되고, 인심개벽은 정신개벽에서 시작되는 것이며, 정신개벽은 천도(天道)를 잘 실천하는 것이라고 주장하였다.

이후 동학교도들이 한줌의 쌀을 내는 성미(誠米)운동과 자발적 기부운동 등을 통해 천도교 조직의 재정비와 확대를 추진하였다. 그리고 손병희는 일본 망명 중 민족정신을 일깨우고 독립정신을 함양시키는데 가장 중요한 것은 교육임을 깨달아서 교육구국운동에 앞장선다. 보성학원, 동덕여자의숙(同德女子義塾) 등 여러 학교들을 인수, 경영하였다. 그리고 손병희는 포교에 힘쓰면서 4월 5일의 천일기념일(天日紀念日), 8월 14일의 지일기념일(地日紀念日), 12월 24일의 인일기념일(人日紀念日)의 3대 행사를 활발하게 치르기도 하였다.

손병희의 교육구국운동과 3·1독립만세운동의 준비기

이후 1차 세계대전 종전 이후 1918년 민족자결주의의 영향과 연합국의 승리에 의해 국제정세가 한국 독립 여론에 유리해졌다고 판단하여 권동진, 오세창, 최린 등과 협의하면서 3·1 독립만세 운동의 지도자로서 역할을 하게 된다.

3월 1일 독립만세 운동 직후 일본 경찰에 자진 검거되어 1920년 10월 징역 3년형을 언도받고 서대문형무소에서 복역 중, 1년 8개월 만에 병보석으로 풀려났으나 1922년 사망하였다.

전봉준이 동학 농민혁명 운동 무장투쟁의 중심 지도자였다면, 손병희는 동학 농민혁명 운동 과정에서는 동학의 2대 교주 최시형과 함께 종교지도자로서 역할을 수행하면서 동학 농민혁명 운동에서는 온건파 지도자로서 역할을 하게 된다. 결국 전봉준은 동학 농민혁명 운동의 패배와 함께 생을 마감하였고, 손병희는 동학 농민혁명 운동의 패배의 교훈을 되새기면서 어떻게 나라의 근대국가 문명으로의 전환을 추진할 것인가에 대한 새로운 고민과 실천적 모색을 하게 된다.

이에 따라 일본 망명생활의 경험 등을 통해 서양과 일본의 근대국가 문명을 배우면서 새로운 근대국가 문명전환을 위한 실천운동으로서 진보회를 조직하여 활동하게 된다. 역사적으로 평가해 볼 때 동학 농민혁명 운동이 프랑스 혁명과 비교될 수 있는 좌파적 급진주의 노선에 기반을 둔 근대국가 문명으로의 전환 운동이었다면, 진보회 운동은 일본의 명치유신과 비교될 수 있는 우파적 근대화 전략과 연관된 실천 활동이었다고 할 수 있다. 그리고 이 같은 우여곡절을 거쳐서 손병희가 최종적으로 나라의 근대국가 문명전환을 위한 실천가요, 지도자로서 역할을 한 것은 좌파와 우파를 넘어서 천도교를 중심으로 불교, 기독교까지 연대한 3·1독립운동이었다. 3·1독립운동은 사상적으로 보면 중도회통 사상에 기반을 둔 국민 통합적, 민족 통합적 독립운동이자 근대국가 혁명 운동이었다고 할 수 있을 것이다.

동학사상과 좌파적 근대국가 혁명의 시도

17세기 이후 세계역사는 근대국가 문명으로의 전환을 위한 실천적 모색을 각 국가별로 진행하게 된다. 대표적으로 1688년 영국의 명예혁명을 통한 입헌군주제의 선택은 최초의 근대국가 문명으로의 전환이라는 역사적 의미를 가진다. 교황 또는 국왕의 절대적 권력을 중심으로 했던 봉건적 통치체제가 최초로 근대국가 시스템에 기초한 새로운 정치체제를 구축하게 된 것이다. 새로운 정치체제는 천부 인권사상에 기초하여 인간의 자유권, 생명권을 중시하고 나아가 재산권, 행복추구권을 법률적으로 보장하였고, 왕 중심의 일방적 통치가 아니라 법치에 의한 정치, 입법부와 행정부의 견제와 균형의 원리를 작동시키는 정치시스템을 만들어 냈다. 소위 자유민주주의 근대국가 문명이 시작된 것이다. 이러한 자유민주주의 근대국가 문명은 1776년 미국의 독립혁명과 건국을 계기로 세계사의 새로운 근대국가 문명을 주도하게 된다. 그리고 이들이 중심이 되어 발전시켰던 산업혁명은 자본주의 경제시스템과 결합하여 인류 역사에서 전례 없었던 엄청난 물질문명의 발전을 가져오게 된다.

그러나 이러한 물질문명의 발전은 유럽에서 영국과 함께 경쟁적으로 부강한 근대국가를 건설하고자 했던 프랑스, 독일, 스페인, 포르투갈, 이탈리아, 네덜란드 등 여러 유럽국가들이 자본주의적 성장과 함께 식민지 개척전쟁에 나서면서 유럽열강들은 제국주의 국가로 변화해나간다. 이에 따라 아시아, 아프리카, 라틴아메리카 다수 국가들은 식민지, 반식민지 국가로 전락하게 된다.

이 같은 세계정세의 변화는 19세기에 본격화되는데, 한국, 중국, 일본 동아시아 3국 역시 역사적 변동의 격랑에 휩쓸리게 된다.

자유민주주의 근대국가 문명과 제국주의 시대

이 과정에서 한국은 18세기 말부터 조선 정부의 부패, 무능과 세계사적 변화에 대한 무지 등을 혁신하고자 하는 실학이 등장하는 등 새로운 변화를 모색하게 된다. 그러나 박지원의『열하일기』, 박제가의『북학의』등은 청나라에 들어온 서양 문물을 통해 세계사적 변화를 배우고자 했으나 세계사적 변화를 이끌고 있었던 영국과 미국 중심의 근대국가 문명을 이해하는 데는 많은 한계를 가지고 있었다. 천주교를 적극적으로 수용했던 실학의 대표적 인물 정약용조차도 서양 근대국가 문명의 핵심에는 다가가지 못했다.

실학자들이 서양문명을 수용하는데 가장 큰 영향을 미쳤던 마테오 리치의 『천주실의』는 서양 근대국가 문명의 핵심 세력의 사상과는 거리가 있었다. 오히려 서양이 근대국가 문명으로 전환하는 과정에서 핵심적 역할을 하였던 프로테스탄트(청교도)들의 종교개혁 운동, 사회정치개혁 운동을 저지, 대응하고자 만들었던 가톨릭의 '예수회' 선교사들을 대표하는 인물이 마테오 리치였다. 이는 결국 마테오 리치의 『천주실의』를 중심으로 서양문명을 수용했던 조선의 유학자 등이 세계사적 차원의 근대국가 혁명 운동의 본질적 성격과 핵심 진수를 이해하지 못하게 되는 결과를 초래한다.

서세동점의 시대, 실학의 한계와 동학의 등장

이 과정에서 조선 후기 조선왕조의 무능과 부패, 파당 정치 그리고 세계사적 변동에 대한 무지 등은 민중들을 최악의 고통을 겪게 했다. 이 같은 현실에서 보국안민에 대한 갈망과 결합해서 등장한 것이 최제우의 동학사상이었다. 동학사상은 조선의 봉건적 사회구조가 무너지고 서양 문물이 밀려들어오는 시기에 민중들 속에서 확산하던 반봉건(反封建), 반제국(反帝國)의 사상적 경향을 반영하게 된다. 최제우가 자신이 창시한 종교를 동학으로 명명한 데는, 가톨릭을 탄압하는 사회 분위기에서 서학(西學 : 천주교 天主敎)으로 몰리지 않기 위해 동학이라 칭한 것도 있고, 다른 한편으로 서양의 종교사상을 극복하기 위한 해동 즉 조선의 사상이라는 의미를 담고 있기도 하다. 내용상으로는 서양의 종교사상에 대립하는 측면보다 유교, 불교, 도교를 종합하고 서양의 종교사상을 극복하기 위한 사상이었다고 볼 수 있다.

유교, 불교, 도교 3교의 천(天)에 관한 생각과 서학적인 천의 사상을 종합하여 시천주(侍天主)의 사상을 형성시켰고, 이는 손병희 시대에 인간 평등을 강조하는 인내천(人乃天)사상으로 발전하였다. 이러한 시천주와 후천개벽(後天開闢), 보국안민 사상, 인내천 사상이 동학사상의 중심인데 이는 현실 개혁 사상과 연관되어 동학 농민혁명 운동으로 발전되었으며 이에 따라 조선의 봉건 지배층과 충돌하게 되고 최제우, 최시형, 전봉준은 순교의 운명을 맞이하게 된다.

동학의 확산과 동학 농민혁명 운동의 발발

현실개혁 사상과 결합한 동학은 봉건적 압제에 시달리고 있었던 민중들에 의해 꾸준히 발전되고 확산하여, 근대한국 최대의 민중 종교가 되었다. 그리고 제2대 교주 최시형(崔時亨)의 포교 활동과 전봉준이 이끄는 동학 농민전쟁 등을 계기로 혁명적인 반외세, 반봉건 사상으로 발전하였다. 그러나 동학 농민혁명 운동의 실패와 갑오경장 이후에는 새로운 종교운동, 사회개혁 운동을 모색하게 된다.

그런데 이러한 동학의 변화, 발전과정에서 가장 중요한 역할을 하였던 것은 동학 농민혁명 운동이었다. 만 명 단위가 넘는 사상자를 냈고, 참여했던 동학교도들과 농민들 중 십만여 명이 부상을 당했던 동학 농민혁명 운동은 한국 근현대사에서 가장 격렬했던 근대국가 문명으로의 전환을 위한 민중들의 투쟁이었다. 당시 2천만 명도 안 되었던 조선의 인구를 고려하면 동학 농민혁명 운동이 끼쳤던 조선 민중과 조선 사회에 대한 영향은 지대했다고 할 수 있다. 특히 호남, 충청, 경상도 등 삼남 지방의 민중들은 동학의 영향에서 벗어나 당시의 시대 상황에 대해 인식할 수 없었을 정도였다.

특히 동학 농민혁명 운동의 마지막을 장식했던 우금치 전투의 충격은 실로 엄청났을 것이다. 만여 명이 죽고 십만여 명이 부상을 당하였는데 진압의 주역이었던 일본군은 불과 수십 명의 사상자만 냈다고 하는 것은 '우금치 전투'가 아니라 '우금치 학살사건'에 가까웠다고 할 수 있다. '우금치 학살사건'에 가까웠던 '우금치 전투'에 대한 깊은 이해가 없으면 이후 일본제국주의와 1897년부터 등장했던 대한제국 등 조선 정부의 강력한 탄압에도 불구하고 생존하고 나아가 조직을 확대해나갈 수 있었던 동학과 천도교의 생명력을 이해하기 힘들 것이다.

물론 이 과정에서 동학의 3대 교주 손병희 등 동학의 지도자들이 보국안민 사상에 기초하여 나라를 근대국가 문명으로 전환하려고 치열하게 고민하고 새롭게 동학사상을 발전시켰던 노력도 중요한 역할을 했었다고 할 수 있다. 그리고 동학 농민혁명 운동을 계기로 조선 정부는 일본 정부의 압력 등에 의해 갑오경장이라는 개혁조치를 취하게 된다. 갑오개혁은 군국기무처 주도하에 1894년 7월 27일부터 1894년 12월 17일까지 추진되었다. 이 기간에 약 210건의 개혁안을 제정, 실시하였다.

갑오개혁과 조선의 근대화를 위한 몸부림

또한 일본은 조선에서의 이권을 확대하고, 나아가 청나라를 제압하여 동아시아 패권을 잡기 위한 목적으로 청일전쟁을 추진하게 된다. 그런데 일본 정부는 청일전쟁 수행과정 중 조선 정부와 일반 국민의 협조가 필요하다는 이유와 러시아를 비롯한 서양열강의 외교 내지 무력간섭을 우려한 나머지, 조선의 친일 정권에 대한 소극적인 간섭에 그쳤다. 이에 따라 제1차 갑오개혁은 우리나라 개화파 관료들을 중심으로 추진되었다. 이들은 청나라에 대한 전통적인 사대 정책에 반대하고, 서양 및 일본의 문물을 모델로 하는 개화 세력으로 반봉건적인 혁신적 개혁을 단행하였다.

먼저 정치개혁의 내용으로 국왕의 전통적인 인사권, 재정권, 군사권에 제약을 가하고, 궁중의 잡다한 부서들을 궁내부 산하로 통합하여 그 권한을 축소하는 한편, 종래 유명무실하였던 의정부를 중앙통치기구의 중추 기관으로 만들었다. 그리고 그 산하에 내무, 외무, 탁지, 군무, 법무, 학무, 공무, 농상 등 8개 부처를 두었으며, 내무아문 산하에 경찰기구로서 경무청을 신설하여 일반 국민을 사법적으로 통제할 수 있는 근대적 제도를 정비하였다. 또한 관료제도에 대한 개혁을 단행하여 조선 시대의 과거제도를 폐지하고 관료 임용권을 의정부의 총리대신 및 각 아문의 대신들에게 부여하였다. 또한 청나라와의 종속관계를 청산하기 위해 정부 문서에서 개국기년(開國紀年)을 사용하였다.

이러한 정치, 행정, 관료제도의 개혁을 통하여 중앙집권적인 행정의 효율화를 실현하였다. 또 봉건시대 조선사회의 폐단이었던 제도와 관습을 혁파하고자 하였다. 이에 따라 양반과 상민을 차별하던 반상제도(班常制度)를 혁파하고, 문관을 우대하고 무관을 경시하던 문무존비(文武尊卑)의 차별을 폐지하였다. 또한 공사노비법(公私奴婢法)을 폐지하고, 역인(驛人), 창우(倡優), 피공(皮工) 등 천인을 면천하였으며, 죄인연좌법(罪

人緣坐法)을 폐지하고, 양자 제도를 개선하였으며, 조혼을 금지하고 과부재가를 허용하였다.

그리고 경제 제도도 개혁하여 국가의 모든 재정 사무를 탁지아문이 관리하여 재정을 일원화하였다. 또한 12월에 '신식화폐 장정'을 통해 은본위제(銀本位制)를 채택하고 기존의 물납세제(物納稅制)를 금납제(金納制)로 대체하였으며, 전국적으로 도량형을 통일시켰다.

그러나 이러한 군국기무처 중심의 개혁은 동학 농민혁명 운동이라는 내란적 상황을 기회로 조선에 개입한 일본군의 후원 하에 진행되었기 때문에, 개혁의 자율성 측면에서 한계가 있었다. 이러한 자율성의 부족은 일본인 고문관 및 군사교관의 초빙, 일본 화폐의 조선 내 유통권 허용 등 일본제국주의의 외적 강제에 의한 행정조치들로 확인되었다. 특히 핵심적인 문제로는 보국안민을 내세운 동학농민군을 '비도(匪徒)'로 규정하고 일본군과 합세하여 그들을 무자비하게 진압한 것이었다. 자신의 국민을 외국군대와 결합해서 탄압, 학살한 것이었다.

이 과정에서 김홍집 주도의 갑오개혁에 반대하는 수구적인 대원군 세력 등이 반발하고 이들이 동학 농민군 및 청나라 군대와 제휴하여 권력을 장악하려는 움직임을 보이자 일본제국주의는 이노우에를 조선주차특명전권공사(朝鮮駐箚特命全權公使)로 임명하는 것 등을 통해 차츰 조선을 식민지화시키기 위한 준비단계에 들어가게 된다. 이에 따라 대원군을 정계 은퇴시키고 군국기무처를 폐지하고서 갑신정변을 주도했던 망명 정객 박영효 등을 내각의 실세로 결합해 김홍집, 박영효 연립내각을 수립하게 된다. 이 과정에서 고종은 청나라와의 관계를 정리하고 국왕의 친정(親政)을 강화하면서 내정개혁을 약속하는 '홍범십사조(洪範十四條)'를 발표하게 된다.

러시아의 개입과 일본, 러시아의 조선 쟁탈 경쟁

이러한 상황에서 이노우에 공사는 내정개혁을 명분으로 일본인 고문관들을 통해 조선의 식민지화를 추진하였지만, 러시아가 중심이 된 삼국간섭(三國干涉) 등이 작용하고 조선왕조가 친러정책 등을 취하면서 실패하게 된다. 이후 조선은 일본과 러시아의 주도권 쟁탈 전쟁의 본격적인 무대로 바뀌어 가게 된다.

이 같은 상황을 이용하여 박영효 중심의 내각은 제2차 개혁을 주도하게 된다. 내부대신 박영효는 삼국간섭 이후 이노우에 공사의 권고를 무시하고, 김홍집 세력을 몰아내고 과감하게 독자적인 개혁을 추진했다. 개혁의 내용은 위의 군국기무처가 주도했던 개혁안을 수정, 보완하는 것이었다. 정치제도 개혁안은 의정부와 각 아문의 명칭을 '내각(內閣)'

과 '부(部)' 등으로 각각 개편하는 것이었다. 그리고 내각은 각부 대신들로 구성된 합의제 정책심의기관으로서 각종 법률 제정권, 세입 세출의 예산 및 결산, 내외국채(內外國債)에 관한 사항, 국제조약의 체결 등의 국가의 중대사를 심의, 의결한 뒤 국왕의 재가를 받아 시행하는 시스템으로 개편한 것이었다. 일본 등이 앞서서 실행하고 있던 근대국가 시스템을 도입한 것이었다고 할 수 있다.

중앙정부의 기구 개편과 함께 지방제도에 대한 개혁도 진행되었다. 즉, 기존 조선시대의 도(道), 부(府), 목(牧), 군(郡), 현(縣) 등의 행정구역을 개편하여 전국 23부 337군으로 정비하였다. 그리고 내부대신 산하에 관찰사(觀察使), 참서관(參書官), 경무관(警務官) 등 각 1명을 두어 지방 행정 체계를 지휘하게 하였으며, 각 군별로 군수를 임명하여 전국적으로 통일적인 행정 체계를 갖추었다. 이와 함께 조세행정 체계도 정비하였다. 또한 근대국가적인 군사 및 경찰제도 확립을 위해 '군부관제(軍部官制)' '경무청관제(警務廳官制)' 등을 제정하였다. 나아가 행정관이 장악하고 있던 사법권의 독립을 보장하기 위해 '재판소구성법(裁判所構成法)' '법관양성소규정(法官養成所規程)'을 실행하여 근대국가의 삼권분립제도를 만들고자 하였다.

그런데 개혁과정에서 박영효의 독주는 그를 내각에 입성시켰던 일본뿐만 아니라 고종과 민비의 반발을 사게 된다. 결국 박영효는 반역죄

등의 혐의로 쫓겨나서 일본으로 다시 망명하게 된다. 이에 따라 1895년 8월부터 1896년 2월까지 진행된 3차 개혁은 김홍집 내각이 주도하게 되며 이 시기부터 러시아의 영향이 커지면서 박정양(朴定陽) 등 친미, 친러파가 득세하게 된다. 그러나 이노우에의 후임인 미우라 공사 주도의 을미사변 이후 김홍집내각의 친일적 성격은 다시 강화되나 친일적 행태에 대한 반발과 단발령에 대한 유교 세력을 중심으로 한 국민들의 반발이 커지면서 고종은 '아관파천(俄館播遷)'을 단행하였고, 이에 따라 김홍집 내각은 무너지게 된다.

동학 농민혁명 운동과 주자 성리학적 세계관, 소중화주의의 붕괴

결국 동학 농민혁명 운동을 계기로 약 19개월 동안 지속되어온 갑오개혁은 소기의 성과도 거두지 못한 체 중도에 좌절되었다. 갑오개혁은 갑신정변에서부터 시작되어 동학 농민혁명 운동에 이르는 조선의 근대 국가 문명으로의 전환을 위한 시대적 개혁 요구를 반영한 것으로 일본의 외적 강제력이 적지 않게 작용하였던 문제는 있었으나, 친일개화파 세력을 중심으로 추진된 근대국가를 위한 개혁이었다고 평가할 수 있다. 가장 중요한 것은 이러한 개혁 작업이 불완전하게나마 부분적으로 추진될 수 있었던 핵심 동력은 동학 농민혁명 운동으로 표출된 민중들의 강력한 개혁 요구였다는 것이다.

그리고 동학 농민혁명 운동은 역사적으로 볼 때 한반도의 근대국가 혁명 운동으로의 전환 과정에서 민중을 중심으로 한 급진적 반제 반봉건 개혁을 추진했는데, 그 주체들의 이념이 아직 분명하게 정리되지는 않았지만 첫 번째 좌파적 급진주의에 기초한 근대국가 혁명의 시도였다고 평가된다. 그리고 동학 농민혁명 운동은 갑오개혁이라는 국내의 부분적인 개혁조치를 가져오는 작용을 하였을 뿐만 아니라 조선인들에게 근본적인 의식전환을 가져오는 계기가 되었다고 평가된다.

그것은 첫째 17세기 중엽 이후 송시열 중심의 극단적인 주자 성리학 중심으로 한 당파정치가 강력하게 내세웠던 성리학적 세계관이 무너지는 계기가 되었다. 보국안민을 내세웠던 동학 농민혁명 운동을 진압하기 위해 조선 고종정부는 청나라 군대, 일본군대를 끌어들여 자기 국민들의 학살에 협력하는 행태를 보임으로서 왕과 귀족 중심의 통치이데올로기를 절대화시켰던 성리학적 세계관은 더 이상 명분을 가질 수 없게 되었던 것이다. 특히 '우금치 학살' 사건이라고 할 수 있는 사태를 거치면서 조선 민중들은 더 이상 왕과 귀족 중심의 봉건통치체제를 옹호하는 마지막 미련을 버리게 되는 계기가 되었다고 평가된다.

둘째 주자 성리학 중심의 세계관과 더불어 중요한 정치 이데올로기로 작동되었던 '소중화 사상' 즉 친중사대주의 정치의식이 붕괴되는 결정적 전환점이 되었다. 동학 농민혁명 운동을 계기로 동아시아 패권을 추구했던 일본이 일으킨 청일전쟁의 결과 중국은 더 이상 사대의 대상이 될수 없는 종이호랑이에 불과함을 두 눈으로 똑바로 봄으로서 친중사대주의가 결정적으로 퇴조하는 역사적 계기가 된 것이다. 이는 1688년 영국의 명예혁명 이후 시작된 세계의 근대국가 문명으로의 전환을 위한 역사적 과정에서 동아시아 국가들 중에서는 일본이 가장 앞서 있으며 그동안 아시아의 헤게모니를 쥐고 있던 중국은 근대국가 문명으로의 전환과정에서 많이 뒤쳐져있음을 확인시켜준 것이었다.

동아시아 혁명과 전쟁의 시대로 돌입하다

따라서 1894년 동학 농민혁명 운동과 이를 계기로 발생한 청일전쟁은 동아시아 질서의 근본적 전환을 가져온 역사적 사건이었다고 평가할수 있을 것이다.

이 역사적 두 가지 사건은 이후 20세기에 들어서자마자 발생한 1904년 러일전쟁, 1905년 을사조약 강제 체결, 1910년 경술국치, 1911년 중국 신해혁명, 1917년 러시아 혁명, 1919년 한국의 3·1독립운동, 1919년 중국 5·4운동 1921년 몽골 사회주의 혁명, 1931년 만주사변, 1941년 이후 세계 2차 대전 돌입, 1949년 사회주의 중국 건국, 1953년 한국전쟁 종전에 이르기까지 약 60년 동안 동아시아 전체가 혁명과 전쟁의 시대를 경험하게 되는 출발점이 된다.

프랑스 혁명과 동학 농민혁명

    자유민주주의 근대국가 문명은 존 로크와 애덤 스미스라는 두 명의 뛰어난 사상가에 의해 설계되었고 발전되었다고 할 수 있다. 그리고 그 첫 무대는 영국이었으며 1688년 명예혁명에 의해 첫 모습을 드러내었다. 자유민주주의 근대국가 문명이 형성되는 과정에서는 15~16세기부터 진행된 르네상스 운동, 종교개혁 및 청교도혁명, 1602년 최초의 주식회사인 네덜란드 동인도회사 등의 역할도 컸다고 할 수 있다. 자유민주주의 근대국가 문명은 결국 1776년 미국의 독립혁명을 통한 미국의 건국을 통해 그 화려한 꽃을 본격적으로 피우기 시작하게 된다.

    자유민주주의 근대국가 문명이 얼마만큼 인류의 발전에 기여했는가는 인류의 평균 소득이 BC 1000년 전 21세기 가격기준으로 약150달러, 1750년 산업혁명 직전 약 180달러로 거의 3000년 동안 변화가 크지 않았는데, 2000년 기준 약 6600달러로 크게 성장한 것으로 확인된다. 이러한 인류의 물질문명의 발전은 자유민주주의 근대국가 문명과 떼어놓고서는 설명할 수 없다. 자유민주주의 근대국가 문명이 인류문명에 기여한 폭과 깊이를 고려하면, 자유민주주의 근대국가 문명을 설계한 존 로크와 애덤 스미스는 인류 역사에서 성인으로 꼽는 석가모니, 노자, 공자, 예수, 플라톤 등에 비교할 만한, 준 성인들이라고 평가할 수 있을 것이다. 그리고 두 사람의 철학 사상은 인간과 세계와 우주에 대한 깊은 통찰 즉 중도 사상과 진공묘유적 이해에 기초한 것임을 증명해주고 있다고 할 수 있을 것이다.

첫 번째 급진주의 근대국가 혁명 모델로서 프랑스 혁명

그런데 이 과정에서 인류는 근대국가의 또 다른 모델을 실험하게 된다. 자유 또는 평등의 이념을 보다 급진적으로 추진하는 국가 모델이라 할 수 있는데 그 첫 번째 모델이 프랑스 혁명이었다고 할 수 있다.

1789년 시작된 프랑스 혁명은 자유, 평등, 박애를 내세우고 급진적 사회개혁을 추진하고자 하였다. 장자크 루소(Jean-Jacques Rousseau, 1712년 6월 28일 ~ 1778년 7월 2일)는 프랑스 혁명에 사상적으로 가장 큰 영향을 끼쳤다고 평가된다. 그는 '사회계약론'에서 '우리가 지구상의 모든 과실들이 모두에게 속해있고, 이 땅은 누구의 것도 아니라는 사실을 잊어버리면 모든 것을 잃어버리게 될 것이다' '인간은 자유롭게 태어났는데 모든 곳에서 쇠사슬에 묶여 있다'라고 하면서 급진적인 자유와 평등의 실현을 주장하였다. 이러한 그의 사상은 프랑스 혁명에 지대한 영향을 주게 되며 유럽을 중심으로 한, 세계의 많은 지식인들에게 급진적 근대국가의 모델을 추구하게 만든다.

프랑스 대혁명(1789~1795년)이 일어났던 18세기의 프랑스에서는 귀족과 성직자들만 사회의 특권 계층을 이루고 있었고, 농민과 시민은 전혀 권리를 가지지 못하였다. 이에 따라 시민 계층을 중심으로 불합리한 구제도(앙시앵 레짐)와 특권층을 타파하고 정당한 시민의 권리를 찾고자 하였다. 이러한 프랑스 대혁명에 가장 큰 영향을 끼친 사상가는 루소와 볼테르(Voltaire, 1694 ~ 1778)였다.

루소는 학문과 예술, 기술의 향상이 물질적 발전은 물론 도덕성의 진보까지 갖고 올 수 있으리라는 계몽주의 철학의 기본 신념을 공격했다. 또한 정치 및 윤리의 근본적 개혁이 필요하며, 자연적으로 선량한 인간이 사회제도의 모순을 통해 사악해졌다고 주장했다. 나아가 인간은 사회라는 전체의 일부로 공동선을 지향해야 함에도 불구하고 개인의 이익만을 추구함으로써 시민적 의무와 자연적 성향 사이에서 내적으로 분열된다고 하였다. 또한 이상적 사회를 만들기 위해서는 이성을 통한 점진적 계몽보다, 미덕을 향한 열망에 기초한 의지적 결단과 자기개혁의 실천이 중요하고 이를 위해 물질적 독립에 기초한 정신적 독립의 중요성을 강조하였다.

반면에 볼테르는 인간이 이성을 올바르게 사용하여 자신이 사회적 존재이고 사회 안에서만 행복할 수 있다는 사실을 제대로 인식하기만 한다면 사회적 갈등은 자연히 해소된다고 주장하였다. 그리고 프랑스를 영국과 비교하여 자유가 부족함을 비판하였고 스스로의 힘으로 사회 구조를 생각해야 하고 정의롭지 못한 것을 미워하며 관용의 중요성을 강조하였다. 이러한 철학에 기초하여 새로운 사회를 만들어야 한다고 주장한 계몽주의 철학자였다. 루소에 대해서는 자식들을 모두 고아원에 버린 위선자라고 비난하기도 했다.

프랑스 혁명 과정에서는 로베스 피에르(1758~1794)가 이끌면서 급진적 개혁을 주도했던 자코뱅당이 좌파, 상대적으로 온건한 개혁을 추진했던 지롱드당이 우파로 규정되었는데, 이는 향후 근대국가 모델을 만드는 과정에서 좌파적 길과 우파적 길을 나누는 시초적 작용을 하게 된다. 그런데 세계사 속에서 우파적 길은 로크, 아담스미스가 설계하였고, 토마스 제퍼슨, 에드먼드 버크가 실천적 이론으로 발전시켰던 영미 중심의 자유민주주의 근대국가 모델이었다고 할 수 있다.

두 번째 급진주의 근대국가 혁명모델로서 러시아 혁명

반면에 세계사 속에서 좌파적 길은 장자크 루소가 지대한 영향을 끼쳤던 프랑스 혁명이 역사적으로 첫 번째 급진주의 근대국가 모델로 평가되고 두 번째 급진주의 모델이 마르크스가 창시하고 레닌이 실천적 이론으로 발전시킨 사회주의 근대국가 모델이라 할 수 있다. 마르크스는 1848년 '공산당 선언'을 통해 사회주의 혁명 이론을 정식화시켰으며 레닌은 1917년 러시아 혁명으로 사회주의 국가를 최초로 현실화시켰다.

1990년대 초 소련, 동구 사회주의권이 붕괴된 이후에는 중국, 베트남, 북한 등을 중심으로 한, 아시아 사회주의 국가 모델이 근대 이후 세 번째 급진주의 모델로 등장하게 된다.

세계의 자유민주주의 근대국가 문명으로의 전환 과정에서 정치사상적 측면에서 중요한 역할을 한 에드먼드 버크의 대표적 공적은 1790년 발간한 『프랑스 혁명의 성찰』을 통해 프랑스 혁명의 문제점에 대해 정확하게 분석한 것이었다. 유럽에서 봉건체제에서 근대국가 문명으로 전환하는 과정은 긴 시간이 필요했다. 15세기부터 시작된 르네상스 운동과 종교개혁운동으로부터 각 국가별로 다양한 우여곡절을 거치게 된다. 영국은 1688년 명예혁명을 성공시켜 세계 최초의 근대국가 문명을 시작하였는데 다른 유럽 국가들은 근대국가로의 전환을 모색하는 과정에서 다양한 사상적, 실천적 모색을 하게 된다. 특히 근대국가로의 전환에 대한 급진주의 사상가인 장자크 루소의 영향을 받은 프랑스는 그 선두에 서게 된다.

에드먼드 버크의『프랑스 혁명 성찰』과 자유민주주의

1789년 시작된 프랑스 혁명은 이후 유럽의 근대국가 문명으로 전환 과정에서 긍정적으로든 부정적으로든 모두 지대한 영향을 끼치게 된다. 프랑스 혁명 초기에는 영국을 포함하여 대다수의 유럽지식인들은 프랑스 혁명을 찬양하였다. 그러나 에드먼드 버크는『프랑스 혁명의 성찰』을 통해 왜 프랑스 혁명이 문제가 많고 실패할 수밖에 없는가를 분석, 비판하였다. 그는 특히 프랑스 혁명은 혼란기를 거쳐 군대 내의 뛰어난 지도자가 등장하여 혁명의 반동에 의한 강력한 군주제가 부활될 것임을 예측하기도 했었다. 이는 1799년 나폴레옹의 군사독재가 시작되고 1804년 황제로 등장하면서 현실화된다.

프랑스의 시인 노발리스(Novalis)는 버크의『프랑스 혁명의 성찰』을 평가하면서 '혁명에 반대하는 혁명적인 책'이라고 비평한 바 있다. 이는 버크의 '프랑스 혁명의 성찰'이라는 책의 본질을 가장 상징적으로 드러낸 평가였다고 할 수 있다. 왜냐하면 버크는『프랑스 혁명의 성찰』을 통해 혁명을 반대하고 그 대신 국가의 중요성에 대해 주장하였기 때문이다. 버크의 국가와 혁명에 대한 시각은 '누구도 국가를 뒤엎으면서 그 개혁을 시작하는 일을 꿈꾸지 않도록 하고, 국가의 오류에 대해 아버지의 상처를 대하는 것처럼 경건한 경외심과 떨리는 염려를 가지고 다가가도록 해야 한다'라는 표현에서 잘 나타나 있다.

근대의 정치사상가 중 버크 만큼 국가의 역사적 실체성과 그 중요성에 대해 구체적으로 밝히지는 못했다. 특히 변화와 개혁은 필요하지만 그것을 급진적으로 추진할 때는 많은 부작용과 혼란을 야기시킬 것임을 밝혔다. 버크는 프랑스 혁명 과정에서 피의 숙청 등을 포함한 구체적인 상황과 구체적인 문제점들을 사실적으로 분석하여 국가와 관련한 여러 가지 쟁점들에 대해 국가제도와 문명이 왜 존중되고 신중하게 대해야 하는지 등에 대해서도 분명하게 밝혔다.

자유민주주의 근대국가 문명과 저항권의 중요성

다른 한편으로 자유민주주의 근대국가 문명을 설계했던 존 로크와 토마스 제퍼슨 등은 '언제든 정부가 자유권, 생명권, 행복추구권을 파괴한다면, 국민들은 그 정부를 폐지하고 새 정부를 도입할 권리가 있다'는 저항권의 중요성을 강조하였다. 따라서 프랑스 대혁명은 당시 프랑스 봉건왕조체제의 부패와 무능에 저항하여 혁명의 필요성과 정당성은 인정될 수 있었지만 그 혁명의 수단과 방법이 피의 숙청 등을 포함하여 과도하게 급진적이어서 실패로 귀결되었다고 평가할 수 있을 것이다. 결국 루이 16세가 2만여 군중 앞 단두대에서 처형된 이후 혁명의 지도자로 피의 숙청을 주도했던 로베스 피에르(Maximilien François Marie Isidore de Robespierre, 1758. 5. 6 ~ 1794. 7. 28) 역시 1794년 단두대에서 처형되면서 프랑스 대혁명은 실패로 귀결되고 이후 나폴레옹의 등장에 의한 왕정복고로 되돌아가게 된다. 프랑스 대혁명은 1688년 영국의 명예혁명과 1776년 미국의 독립혁명과 비교할 때 서양사회에서 나타난 첫 번째 좌파급진주의 노선에 기초한 근대국가 혁명을 위한 시도였다고 평가된다.

그런데 동아시아 사회는 서양사회에 비해 근대국가 문명으로의 전환에서 뒤쳐져 있었다. 특히 서양사회의 자유민주주의 근대국가 문명은 18세기 중반 이후 본격화된 산업혁명과 결합되어 자본주의의 급속한 성장을 이루어내고 뒤이어 상품수출과 원료와 노동력 공급문제와 결합되어 서양 자본주의 국가들은 앞다투어 제국주의 체제로 전환하게 된다. 이에 따라 19세기에는 유럽 제국주의 국가들의 아시아, 아프리카, 라틴아메리카에 대한 식민지 개척과 확대가 경쟁적으로 추진하게 된다. 동아시아 국가들 역시 이로부터 자유로울 수 없었다. 동아시아 국가들 중에서는 일본이 유일하게 이미 17세기 초부터 네덜란드 상인들로부터 서양문명의 진보적 요소들을 흡수하였으며, 1868년 명치유신을 통해 입헌군주제를 수립하고 적극적으로 자유민주주의 근대국가 문명과 자본주의적 경제발전을 수용하였다. 이에 따라 19세기 후반 이후 일본은 청일전쟁을 계기로 제국주의 국가 대열로 진입하게 되고 한국과 중국은 식민지화의 불행한 역사로 진입하게 된다.

동학 농민혁명 운동은 아시아의 프랑스 혁명이다

이 과정에서 조선 민중들이 반봉건 반외세 보국안민의 기치를 들고 투쟁한 것이 동학 농민혁명 운동이었다. 동학 농민혁명 운동은 정치적으로는 반봉건, 반외세를 주장하였는데 이념적 차원에서 중요한 역할을 했던 것은 동학이었다. 1860년 최제우의 무극대도(無極大道)를 핵심으로 한, 깨달음으로부터 시작되어 1861년부터 포덕이라는 이름으로 확산된 동학은 19세기 후반 조선 민중들의 새로운 세상에 대한 열망과 결합되어 빠른 속도로 조직이 성장하게 된다. 동학은 무극대도, 천즉도, 시천주, 인내천 사상들을 중심으로 하였는데 당시 조선 민중들에게는 무능, 부패하면서도 수직적인 봉건적 계급질서를 강요하는 지배질서를 무너뜨릴 평등사상과 연관되어 이해되었다고 보여진다. 이는 전통적으로 내려왔던 미륵불 신앙과도 연관된다고 할 수 있다.

특히 교주 최제우가 자신의 노비 여성 두 명 중 한 명은 수양딸로, 한명은 며느리로 삼는 당시로서는 대단히 파격적인 행동을 통해 모든 인간이 평등하다는 사상을 생활 속에서 보여줌으로서 동학은 조선후기 사회에서 봉건적인 수직적 질서를 수평적으로 즉 평등사회를 실현할 수 있는 구원사상으로 받아들여졌던 것이다. 이러한 동학의 진보 개혁적 요소는 1884년 개화파들의 갑신정변 등을 통해 촉진되었다. 그리고 다른 한편으로 1864년 혹세무민을 죄목으로 처형된 교조 최제우에 대한 신원운동이 지속되다 1892년 이후 전개된 교조신원운동은 반외세, 반봉건의 내용과 결합되면서 발전되어 갔다. 이는 동학이 서양 세력과 서양사상에 대한 대응차원에서 형성된 특성과 연관되고 동학의 반봉건적 평등사상과도 결합되었다고 할 수 있다. 특히 동학사상과 반외세, 반봉건 개혁적 실천과 결합에 적극적이었던 전봉준을 중심으로 한 세력이 주도한 고부 민란 이후에는 본격적으로 반외세, 반봉건, 보국안민 기치를 전면에 내세우게 되었다.

이러한 사상적, 역사적 배경을 가지고 시작된 1894년 동학 농민혁명 운동은 수십만 명이 참여하고 만여 명이 희생되는 한국 근현대사 최대 규모의 혁명 운동으로 전개되었다. 이는 동아시아 전체 역사에서도 다수 민중의 참여도와 치열성의 측면에서 그 유례를 찾아보기 힘들 정도였다. 동아시아의 대표적인 아래로부터의 근대국가 혁명을 추진했던 역사적 사건이었다고 할 수 있다. 이 같은 측면에서 한국의 동학 농민혁명 운동은 18세기 후반 유럽의 프랑스 대혁명과 비교될만한 역사적 성격을 가지고 있다 할 수 있다.

1789년 프랑스 대혁명의 좌파 급진주의적 노선과 행태는 에드먼드 버크의 예측대로 실패하였지만, 프랑스 대혁명이 내세웠던 자유, 평등, 박애 이념과 봉건왕조질서를 해체하고 근대국가 시스템을 만들고자 시도했던 정신은 유럽전체로 확산되어 갔다. 이는 영국과 미국이 주도한 자유민주주의 근대국가 문명과는 조금 다른 흐름에서 보다 급진적이고 평등의 요소를 강조하는 특성을 포함한 것이었다. 이러한 흐름은 이후 본격적인 좌파적 근대국가 혁명의 시도 즉 마르크스주의 흐름으로 변화, 발전해 나갔다고 할 수 있다.

동학 농민혁명 운동과 프랑스 혁명의 유사성

한편 1894년 동학 농민혁명 운동의 경우에 1884년 한국의 갑신정변이나 1868년 명치유신이 위로부터의 개혁을 통한 근대국가 문명으로의 전환을 추진했던 것과 달리 기층 민중들을 중심으로 아래로부터의 근대국가 문명으로의 전환을 추진했던 특성이 있다. 상대적으로 비교해본다면 일본의 명치유신이 1688년의 영국의 명예혁명과 유사하다면, 한국의 동학 농민혁명 운동은 프랑스 대혁명과 유사성이 높다고 할 수 있을 것이다. 그 이념의 측면에서도 프랑스 대혁명과 동학 농민혁명 운동은 급진적 성격을 가지고 있었고, 평등의 요소를 강조했다는 측면에서도 유사하다. 결국 동학 농민혁명 운동은 1894년 우금치 학살사건 등을 통해 통렬한 패배를 당하게 되지만 그 이념은 한국의 근현대사에 지속적으로 지대한 영향을 끼치게 된다.

또한 역사적 흐름에서 보면 프랑스 대혁명이 유럽의 여러 나라들에게 근대국가 문명으로의 전환을 촉진하는 영감을 주고 역사적 계기들을 마련해주었다면, 동학 농민혁명 운동은 동아시아 질서에서 아래로부터의 혁명을 통한 봉건적 질서의 타파와 근대국가로의 전환이라는 새로운 역사적 방향을 제시하였다고 할 수 있다. 프랑스 대혁명이 유럽의 근대국가 문명을 위한 새벽을 여는 종소리 역할을 했다면, 동학 농민혁명 운동은 아시아의 근대국가 문명을 위한 새벽을 여는 종소리 역할을 했다고 할 수 있다.

뿐만 아니라 동학 농민혁명 운동과 결합되어 발발한 청일전쟁에서 일본제국주의가 승리함에 따라 중국 중심의 동아시아 질서가 일본 중심의 동아시아 근대 질서를 형성해나가는 중요한 역사적 계기가 되었다. 그리고 한국과 중국은 일본제국주의의 침략과 침탈을 받게 되어 식민지, 반식민지 조건에서 근대국가 문명으로의 전환을 위한 실천적 모색을 하게 된다.

동학 농민혁명 운동 시기의 손문과 후쿠자와 유키치

　손병희(1861~1922)가 한국의 근대국가 혁명 운동사에서 동학 농민혁명 운동의 지도자로서 동아시아 정세 격변의 한복판에 등장했던 비슷한 시기에 일본과 중국에서 근대국가 혁명 운동의 대표적 지도자로 활동했던 인물은 후쿠자와 유키치와 중국의 손문(1866~1925)이었다.

　일본은 동아시아에서 서양의 근대국가 문명의 흐름을 가장 먼저 수용하였다. 먼저 17세기 초 도쿠가와 막부시절부터 시작된 네덜란드 상인들과의 교류를 통한 난학의 발전이 큰 도움이 되었다. 그리고 19세기 서양 열강들의 아시아 진출 과정에서 가장 능동적으로 서양 근대국가 문명을 수용했던 결과 1868년 명치유신부터 본격적으로 서양적인 근대국가 문명으로의 전환을 추진할 수 있었다. 이 과정에서 일본의 명치유신과 근대국가 문명으로의 전환 과정에서 사상적 지도자 역할을 한 인물이 후쿠자와 유키치였다. 그는 일본 게이오대학의 설립자이자 일본학술원 초대 회장이기도 한다. 이 같은 역사적 기여를 인정받아 그는 일본 화폐 1만 엔 권의 주인공이 되었다.

일본 서양적 근대화의 사상적 지도자 후쿠자와 유키치

그는 대표저작 '문명론 개략(1875)'에서 봉건적 가치와 제도와 문화를 타파하고 서양문명의 근대적 가치와 제도와 문화를 전면적으로 수용할 것을 주장하였다. 나아가 서양열강들과의 관계에서 독립하고 자존할 수 있는 신 일본인을 형성해야만 근대국가 일본을 건설할 수 있다고 하였다. 이처럼 봉건체제에서 근대국가 문명으로의 근본적인 전환을 추구했던 그의 주장은 조선과 청나라의 개혁파들에게도 많은 영향을 끼쳤다. 조선에서는 김옥균, 박영효, 서재필 등 개혁파들이 후쿠자와와 직접 교류하기도 했다. 청나라에서도 양개초 등 개혁파들이 영향을 받았다. 후쿠자와 유키치는 서양 근대국가 문명을 배우는 과정에서 애덤 스미스, 토크빌, 존 스튜어트 밀, 찰스 다윈 등으로부터 영향을 받았다고 한다.

그는 서양 근대국가 문명을 배우는 과정에서 처음에는 네덜란드어를 배우는 것으로부터 시작하였다. 이는 17세기 초 이후 발달한 난학과 연관이 된다 할 수 있다. 1854년 이후 난학을 공부하였는데 에도로 상경한 뒤 1859년 네덜란드어가 아닌 영어가 서양인들에게 제일 많이 사용되는 것을 보고 영어를 다시 공부하였고 이후 미국 방문까지 이어진다. 1858년 미일수호조약 체결도 큰 영향을 미쳤다고 한다. 그는 결국 1860년 미국 샌프란시스코에 가서 약 한 달간 미국문명을 경험하게 된다. 이 과정에서 미국의 기계, 물리, 공업과 같은 '이학(理學)'적인 것들 뿐만 아니라 법률, 정치, 문화, 사회 등 근대국가 문명에 대한 학습을 하게 되었다. 이러한 경험에 기초하여 1868년 게이오의숙(慶應義塾), 즉 지금의 게이오대학을 설립하였다. 여기에서 후쿠자와 유키치는 일본을 근대 문명국가로 전환시키고자 하는 분명한 목표를 세웠다고 하며 이를 위해 서양 문명을 철저히 가르치는 '양학'의 교육을 실천하였다.

그는 동서양의 문명 차이를 분석하면서, 동양에는 '유형의 것으로는 수리학(數理學), 무형의 것으로는 독립심(獨立心), 이 두 가지가 없다.'고 보고 수리학과 독립심의 교육을 학교의 기본 방침으로 내세웠다. 나아가 1876년 '학문의 권장'을 발표하면서 게이오의숙에서 실천 중이던 '계몽' 프로젝트를 전 일본인을 대상으로 하여 시행하고자 하였다.

그는 '학문의 권장'에서 '하늘은 사람 위의 사람을 만들지 않았고, 사람 아래의 사람을 만들지 않았다고 하였다.'고 하면서 개인과 사회, 국가의 독립자존을 중시함과 동시에 신분제를 부정하고 동아시아의 전통적 관습이었던 사농공상의 차별 등을 철폐할 것을 주장하였다. 또한 구시대의 '관(官)'적 입장에 대응하는 '사립(私立)'의 중요성을 강조하였다.

후쿠자와 유키치의 '탈아입구론'

그리고 후쿠자와 유키치는 위의 '문명론 개략'에서 서양의 문명과 일본의 문명을 비교하면서 일본이 궁극적으로는 서양과 같은 수준의 문명을 이루어 자국의 독립을 쟁취할 수 있을 것이라 주장하였다. 특히 일본의 발전 가능성에 대한 근거로서 중국을 비롯한 다른 아시아 국가들과 비교하면서 당시 일본은 서양에 비하면 후진적이지만, 중국과 비교한다면 선진적이며 서양의 문명으로 보다 빠르게 나아갈 수 있는 역사적 토대를 갖추고 있다고 주장하였다. 한국은 중국보다 더 미개한 상태라고 보았다.

그는 일본의 기존 문명에 대해서도 비판하였다. 서양의 역사가 인간의 자유와 지덕(知德)의 확대 및 다원적 가치의 수용을 통해 단계적으로 발전해온 반면에 일본은 막강한 권력 아래에 개개인이 종속되어 주체성을 상실한 채로 발전하지 못한 역사적 단계에 정체되어있다고 보았다.

'일본의 역사는 일본 정부의 역사뿐이며, 국민의 역사는 없다.'는 것이다.

또한 후쿠자와 유키치는 일본, 중국, 한국 모두 '반개국(牛開國)' 또는 미개국인데 문명국가는 반개국 또는 미개국을 문명개화의 길을 가도록 하는 것이 문명국가의 도리라고 주장하였다. 이는 조선보다 조금 더 나은 문명을 지닌 일본이 조선을 가르치고 이끌어야 한다는 뜻과 연결된다고 할 수 있다. '조선의 노후하고 완고한 유학자들은 걸핏하면 중국을 상전의 나라로 생각하여, 일본에 가까이 다가오기보다는 청나라와 친하고자 하는 정서가 없지 않다.'(『시사신보(時事新報)』 논설)는 등에서 이러한 인식이 나타난다. 1884년 조선의 김옥균 등이 갑신정변을 일으켰을 때, 후쿠자와는 김옥균 등을 후원하기도 했다.

그리고 1885년 '탈아론' 신문 사설을 통해 '우리나라는 이웃 나라의 개명을 기다려 함께 아시아를 일으킬 여유가 없다. 차라리 그 대열을 벗어나서 서양의 문명국과 진퇴를 함께해야 한다. 중국과 조선을 상대하는 데 있어서는 이웃 나라라 하여 특별히 배려할 필요 없이 서양인이 이들을 대하는 방식에 따라서 처분해야 할 것이다'라는 소위 '탈아입구론(脫亞入歐論)'을 주장하기도 했다.

후쿠자와 유키치의 일본 국가주의 비판

이후 1894년 청일 전쟁 때는 청일 전쟁을 '근대 문명'과 '고루와 구폐'

가 동아시아에서 맞서는 싸움이자, 개화 노선을 걷는 일본과 유교사상에 안주한 청나라의 대결이라고 규정하면서 일본의 입장을 적극지지 하였다. 이에 따라 청일 전쟁에서 승리를 문명개화의 길로 나아간 일본의 승리로 해석하면서, 근대국가 문명으로 전환한 일본이, 문명국의 입장에서 '반개'인 중국을 제압하고 조선을 지도하는 위치에 올라서는 전쟁으로 이해하였다.

그런데 후쿠자와 유기치는 청일 전쟁 이후 일본 메이지 정부의 국가주의적, 군국주의적 행보에는 비판적인 태도를 보였다. 개인주의자, 자유주의자, '사립'을 중시하며 정부와 대립하는 그의 철학은 일관된 것이었다. 특히 청일전쟁 이후 일본정부가 독일식의 국가학에 입각한 정책들을 본격화하면서 미국, 영국식의 자유주의를 선호하였던 후쿠자와 유키치는 일본정부에 대한 비판적 태도를 가지게 되었다.

동양문명과 서양문명의 경계인으로 태어난 손문

한편 중국의 19세기 말 20세기 전반의 시기에 대표적인 근대국가 혁명가는 손문이었다.

19세기 말, 중국은 서양 열강의 식민지로 전락하고 있었다. 청나라 지배 계층의 부패와 무능은 갈수록 심해졌으며 국민들은 무기력한 상태에 있었다. 아편전쟁으로 영국에 수모를 겪고서도 국민들 속에서 아편 문제는 지속될 정도였다.

특히 1894~1895년 청일전쟁에서 일본에 패배한 충격은 매우 컸다. 그동안 수백 년 동안 아시아의 패자로 군림해오다 동아시아의 새로운 강자 일본에게 패한 것은 서양열강에게 그동안 수모를 겪었던 것과는 또 다른 차원에서 중국인들에게 주는 충격은 컸다. 현실적으로는 청일 전쟁 패배로 청나라는 일본에 타이완 등을 할양해야 했고, 그동안 조선 시대 내내 부속국가처럼 다스리던 조선에 대해 독립국가임을 인정해 주어야 했다.

청일전쟁 패배로 인한 국가적 위기감은 심각했으며 이에 따른 각성 도 있었다. 소위 신중국 건설을 위한 본격적인 운동과 투쟁이 시작된 것 이었다. 이 과정에서 성장한 대표적 인물이 손문이다. 그는 1866년 마 카오 근처 광동성 마을에서 농부의 아들로 태어났다. 이 지역은 동양문 명과 서양문명이 만나는 중간 지대적 성격이 강한 곳이다. 그는 고향에 서 전통적 교육을 받은 후, 호놀룰루에 있는 대학에서 기독교와 서양학 문에 대해 배웠다고 한다. 이후 홍콩에 있는 대학에서 공부를 하고 기 독교 세례를 받았으며 서양인이 운영하는 의과 대학을 나와 의사 면허 를 취득했다.

청일전쟁 발발을 계기로 정치활동을 시작해서 청나라 왕조를 무너뜨리는 것을 목표로 하는 '홍중회'라는 조직을 하와이에서 만들었다. 그러나 광둥에서의 봉기 계획이 발각되어 일부 동지들은 처형되었고 손문은 수배자가 되어 일본으로 건너가게 된다. 이후 하와이, 샌프란시스코, 런던 등과 일본을 다니면서 혁명 활동을 지속하여 1905년 '중국혁명동맹회'를 결성하고 삼민주의를 제창하기 시작하였다. 손문은 중국혁명동맹회의 지도자로 나서 청나라를 전복시켜 민주적인 공화국을 건설하고 외세를 추방하며 토지를 재분배하는 것 등을 목표로 내세웠다. 그리고 이 활동의 기초가 되는 사상으로 민족, 민권, 민생주의라는 삼민주의를 구체화하였다. 그러나 1907년에서 1911년 사이에 손문 지지자들이 중국 남부에서 일으켰던 봉기들은 실패하게 된다.

중국의 근대국가 혁명 운동의 출발 신해혁명의 지도자 손문

그런데 1911년 10월 우한에서 시작된 중국내부 혁명파들의 봉기가 전국적으로 확산되면서 지방의 여러 성들이 독립을 선언하게 된다. 이는 손문 등 혁명 운동 지도부의 예상을 넘어서는 봉기의 확산과 성공이었다. 이러한 조건에서 청나라를 전복하는데 성공한 1911년 신해혁명은 그 한계를 보이게 된다. 1911년 12월 손문이 상하이로 귀국하게 되고 14개 성의 대의원들이 난징에서 그를 임시 정부의 대총통으로 선출되었으며 1912년 1월 손문은 임시 대총통에 취임하여 중화민국의 성립

을 공포하게 된다.

그러나 손문의 혁명군은 실질적인 무력이 취약했기 때문에 당시 상당부분의 무력을 장악하고 있었던 원세개를 대적하기에는 한계가 있었다. 이러한 문제로 인한 혁명군과 원세개 군대 간의 내전은 외국 열강의 개입 가능성이 높은 상태였다. 이에 따라 손문은 원세개가 청나라 황제를 퇴위시키고 공화국 정부 형태를 받아들인 후, 수도를 난징으로 옮긴다면 자신의 대총통 자리를 이양해 줄 수 있다고 약속했다. 이후 원세개는 청나라 마지막 황제 푸위를 퇴위시킨 뒤 1912년 3월 손문을 대신하여 대총통으로 취임하게 된다.

원세개의 개입과 신해혁명의 실패

그러나 원세개는 처음에는 공화제를 근간으로 하는 헌법을 채택하고 1912년 중에 국회의원 선거를 실시하였으나 1913년 국민당이 원세개의 공화당에 압승을 거두자 당시 국민당 지도자 쑹자오런이 암살당하게 되고 원세개는 손문과의 약속을 파기하게 된다. 1913년 11월, 위안스카이는 국민당을 불법화하고 의회를 해산하였으며 손문에게는 체포령이 내려져 손문은 다시 일본으로 망명하게 된다. 결국 1911년 신해혁명은 실패로 돌아가게 되었다.

19세기 말 20세기 초반 동아시아는 역사적 격변에 휩쓸리게 된다. 외적으로는 유럽열강들이 17세기와 18세기에 걸쳐 근대국가로 전환하고 18세기 산업혁명을 성공시킨 것을 기초로 하여 앞다투어 식민지 개척에 나선 제국주의 국가로 등장하였다. 이에 따라 동아시아 국가들 역시 서양열강들의 식민지 개척의 야욕으로부터 자유로울 수 없었다.

이러한 19세기 중반의 역사적 조건에서 일본은 1868년 명치유신을 통해 근대국가 혁명을 성공시키면서 유럽열강과 경쟁해나가게 된다. 이 과정에서 명치유신과 일본의 초기 근대국가 혁명 운동 과정에서 사상적 지도자 역할을 한 인물이 후쿠자와 유키치이다.

동아시아 질서의 격변과 손병희, 후쿠자와 유키치, 손문

반면에 한국과 중국은 유교의 주자 성리학적 세계관과 결합된 봉건 지배계층의 무능과 부패로 인해 망국의 길을 걷게 된다. 한국은 이러한 조건에서 1884년 갑신정변을 시작으로 개화파가 근대국가 혁명을 시도했으나 실패하였고 1894년에는 동학 농민혁명 운동을 통해 보국안민을 기치로 내세우고 근대국가 혁명을 추진했으나 역량부족으로 실패하게 된다. 이 과정에서 동학 농민혁명 운동의 중심 세력이었던 동학의 대표적 지도자가 최시형, 전봉준, 손병희였다.

그런데 1894년 동학 농민혁명 운동을 계기로 발생한 1894~1895년 청일전쟁 결과 청나라의 패배는 동아시아 질서의 근본적 전환을 가져오게 된다. 그동안 몽골제국 패망 이후 수백 년 동안 아시아의 패권자 역할을 해온 중국이 일본에 참패함으로써 동아시아의 새로운 패권 세력으로 일본이 등장하게 된 것이다. 이러한 역사 조건에서 중국의 새로운 근대국가 혁명 운동의 지도자로 등장한 인물이 손문이다.

손문은 청일전쟁 패배 이후 중국의 근대국가로의 전환을 위한 혁명을 추진하여 결국 신해혁명을 일으켰으나 역량 부족으로 실패하게 되었다. 이러한 19세기 말 20세기 초반 동아시아 질서의 격변 속에서 한국, 일본, 중국의 근대국가로의 전환을 위한 치열한 노력의 과정에서 지도적 역할을 했던 손병희, 후쿠자와 유키치, 손문의 영향력은 20세기 동아시아에서도 지속적인 영향을 미치게 된다.

PART 2

동아시아 평화적 혁명 운동,
3·1운동의 지도자 손병희

동학 농민혁명 운동부터 3·1독립운동까지

동학 농민혁명 운동을 계기로 발생한 청일전쟁에서 승리한 일본은 청나라와의 강화조약인 시모노세키조약에서 요동반도를 할양 받는 내용을 포함시켰으나 동아시아에서 일본의 과도한 부상을 경계한 러시아, 프랑스, 독일 소위 3국의 간섭에 의해 요동반도를 반환하게 된다. 이에 따라 동아시아 질서는 19세기 말에서 20세기 초에 걸쳐서 청일전쟁에서 승리하여 새로운 동아시아의 패권 세력으로 등장한 일본과 유라시아의 패권을 추구했던 러시아제국 간의 새로운 패권 다툼이 본격화되었다.

이 삼국간섭은 청나라에 대한 서양 열강의 분할 지배가 시작됨을 의미하였고, 일본은 동아시아에서 갈수록 세력 확장을 추구하는 러시아와의 결전을 추진하게 만든다. 조선에서까지 러시아의 영향력을 확장 시키는 과정에서 발생한 것이 1896년 아관파천 사건이다. 이에 대해 서재필, 이승만 등이 중심이 되어 1896년 설립하였던 독립협회는 아관파천했던 고종의 환궁을 1897년에 관철시켰다. 독립협회는 개화파 지식인들이 중심이 되어 한국의 자주독립과 내정 개혁을 표방하고 활동하였으며, '독립신문' 발간, 민중계몽운동, 영은문(迎恩門) 자리에 독립문을 세우는 친중 사대주의 척결운동 등을 전개하였다.

일본과 러시아의 동아시아 패권경쟁

이러한 상황에서 일본은 영국, 미국과 제휴하여 러시아에 대항하고자 하였다. 이에 따라 1902년 영일동맹이 맺어진다. 반면에 러시아는 러시아의 대외팽창 방향을 아시아로 돌리고자 했던 독일, 프랑스와 제휴를 추진했으나 영일동맹만큼 강하지는 못했다.

이러한 조건에서 1903년 일본의 이익을 반영하는 주장이었던 한국을 일본의 보호령으로 하고 만주 일부 진출의 기회를 보장받겠다는 것과 러시아의 이익을 반영하는 주장이었던 러시아의 만주 독점권과 한반도 39도 이북 중립지대를 설정하자는 것이 충돌하게 된다.

결국 1904년 2월 일본군의 여순 기습공격으로 러일전쟁이 발발하게 된다. 러일전쟁에서 일본군은 약 120만 명을 동원하였으며 전사자 13만을 포함 사상자가 68만 명에 이르렀고 러시아군도 약 120만 명을 동원하여 40여만 명의 사상자를 내게 된다. 만주의 여러 전투에서 일본이 승리한 뒤에 전쟁은 교착상태에 빠지게 되는데 일본도 종전을 바랬고 러시아도 1905년 국내 혁명 문제 때문에 종전을 바라게 되었다. 이 상황에서 일본은 대마도 해전에서 러시아의 발틱함대에 마지막 일격을 가하고 미국에 중재를 요청하게 된다.

제국주의 열강의 동아시아 세력 균형과 일본의 한국지배권

영국과 미국은 러일전쟁에서 일관되게 일본을 지지하였다. 그 핵심 이유는 유라시아의 새로운 패권 세력으로 등장하려는 러시아에 대한 견제였다고 할 수 있다. 그리고 영국과 프랑스는 부상하는 독일에 대응하기 위해 러시아 군사력이 더 이상 약해지는 것을 원하지 않았고, 미국도 일본이 동아시아에서 과도한 강자가 되는 것을 원치 않았다. 이에 따라 제국주의 열강 세력들은 러일전쟁 이후 동아시아에서 자신들의 이익을 최대화 시키는 경쟁 과정을 거쳐 미국의 중재로 1905년 9월 포츠머스 강화조약을 맺게 된다.

그 과정에서 미국과 일본 사이에 있었던 것이 가쓰라 태프트 밀약으로 일본의 한국 지배권과 미국의 필리핀 지배권을 상호 양해하는 각서였다. 러일전쟁에서 승리한 일본은 결국 한반도와 남만주에서 지배권을 확립하게 된다. 이에 따라 이루어진 것이 한일 간의 1905년 을사늑약이고 결국 1910년 경술국치 조약에 따라 한국이 일본의 식민지로 전락하게 된다.

일본제국주의의 야욕은 여기에서 그치지 않고 중국대륙에 대한 침략과 아시아 전체의 패권 세력으로 명실상부하게 되는 것을 원하게 된다. 이러한 일본제국주의의 야욕은 영국과 미국이 러일전쟁에서 일본을 지원했던 이유인 유라시아 패권 세력으로 등장하는 러시아에 대한 견제라는 의미가 약화된 이후여서 영국, 미국과 일본의 갈등은 새롭게 시작되게 된다.

한편 러시아는 러일전쟁 패배 이후 대외 팽창의 방향을 중앙아시아와 발칸 지역으로 전환하게 된다. 그리고 영국은 프랑스, 러시아와 제휴하면서 유럽 최대의 위협 세력으로 등장한 독일에 대한 포위 전략을 추진하게 된다. 이러한 유럽에서의 새로운 국제질서의 변화는 세계 1차 대전의 발발을 촉진하게 된다.

한국의 식민지 전락과 세계 1차 대전의 발발

독일은 1871년 비스마르크 주도로 통일국가를 이루고 뒤늦게 제국주의 국가로 진입하여 본격적으로 열강들의 세계 식민지 분할경쟁에 나서게 된다. 이에 따라 20세기 초 제국주의 국가들 간의 경쟁이 치열해졌고 특히 선발 제국주의 영국과 후발 제국주의 독일 간의 대립이 심화되었다. 결국 독일, 이탈리아, 오스트리아가 3국 동맹을 형성하고 영국, 프랑스, 러시아는 3국 협상 양진영이 형성되어 대립하게 된다. 발칸 민족 문제를 발단으로 1914년 6월 사라예보사건을 계기로 양 진영은 충돌하게 된다. 이 대결은 오스트리아, 독일, 불가리아 등의 동맹군과 세르비아, 러시아, 프랑스, 영국, 일본, 미국, 중국 등 연합군 간의 세계 전쟁으로 확대되었다.

독일은 후발 제국주의 국가로서 한계를 드러내면서 1918년 11월 항복하게 되고 1919년 베르사유조약 등으로 강화조약을 맺게 된다. 한편 동아시아에서는 일본이 영, 일 동맹에 따라 연합국 측에 참전한 결과 승전국이 되어 독일 조차지 중국 칭다오(靑島)와 태평양상의 독일 영투를 점령하였고 중국에 대해서도 산동성, 만주, 몽골 등지의 이권을 얻어내게 된다.

이 같은 세계 1차 대전과 동아시아 질서의 변동 과정에서 한국은

1910년 경술국치 이래로 식민지로 전락하여 고통의 세월을 보내게 된다. 경술국치 이후 한국에서는 일본의 부당한 침략에 항거하는 의병운동과 독립운동이 확산되었다. 일본제국주의의 식민통치는 민족 고유문화 말살, 경제적 지배를 심화시키는 다양한 수단이 동원되었다. 이에 한국의 독립운동 지도자들은 중국, 만주, 러시아령, 미주 등 해외에서 망명생활을 하면서 독립운동을 전개하거나, 국내에서는 지하 비밀 조직을 결성하여 다양한 독립운동을 추진하게 된다.

식민지 한국의 독립운동과 미국 윌슨 대통령의 민족자결주의

이 과정에서 세계 1차 대전 종전을 앞두고 미국 대통령 윌슨(Wilson, T. W.)이 1918년 1월 전후처리 원칙 14개 조항의 일부로 민족자결주의 원칙을 발표하였다. 그런데 이 민족자결주의 원칙은 연합국과 대결했던 독일, 오스트리아 등 세계 1차 대전 패전 동맹국의 식민지에만 적용하는 것이었다. 그러나 윌슨의 민족자결주의 구상은 아시아 아프리카 라틴아메리카의 모든 식민지 피압박 민족에게 희망의 복음으로 수용되어 자신들에게 유리하게 해석하면서 식민지국가들의 독립운동을 발전시켜 나가게 된다.

한국의 민족독립운동 지도자들은 특히 윌슨의 민족자결주의 내용을

독립운동의 발전에 활용하고자 하였다. 재미교포들은 재미 한인 대표자 회의를 소집하여 이승만(李承晚) 등을 한인대표로 한국 민족의 자결권을 주장하기 위해 파리강화회의에 보내려고 하였다. 그러나 이는 미국 정부가 여권을 내주지 않아 실패하게 된다. 중국에서 활동하던 신한청년단(新韓靑年團)에서는 여운형(呂運亨)을 러시아로 파견하였고, 김규식(金奎植)은 한민족 대표로 파리로, 장덕수(張德秀)는 일본으로 갔다. 이러한 활동소식이 도쿄 유학생, 재미동포, 재중 동포 등을 통해 국내에 알려지면서 국내 독립운동의 분위기가 활성화되었다.

구체적 계기는 일본유학생들의 도쿄 2·8독립 선언이었다. 이 독립선언은 일본유학생들의 독립운동 조직인 조선청년독립단이 주도하였고 이들은 국내의 최린(崔麟), 송진우(宋鎭禹), 최남선(崔南善), 현상윤(玄相允) 등과 접촉하면서 국내 독립운동과의 연대를 추진하였다. 그리고 도쿄 2·8독립 선언을 이끌었던 다수의 유학생들은 귀국해서 국내 독립운동에 합류하여 이후 거족적인 독립운동으로 발전한 3·1운동의 선도적 역할을 하게 된다. 여기에 고종 사망사건이라는 계기까지 결합되어 거족적인 독립만세 운동을 추진하게 된다

손병희의 천도교가 3·1독립만세운동을 이끌다

국내에서 3·1독립운동의 중심에서 역할을 한 것은 손병희가 교주로 있던 천도교였다. 천도교의 중진인 권동진(權東鎭)과 오세창(吳世昌)이 1918년 12월경부터 세계정세 등을 논의하면서 새로운 차원의 독립운동을 추진하면서 최린 등과 협의하였는데, 최린은 도쿄 2·8독립 선언을 일으켰던 일본유학생들과 연대, 협의하면서 3·1독립만세운동을 추진하게 된다. 이후 권동진, 오세창이 만세운동의 구체적인 추진 계획을 세우게 된다.

여기에서 손병희를 중심으로 한 천도교 지도부는 독립운동의 3대 원칙으로, 독립운동을 대중화할 것, 일원화할 것, 비폭력적으로 할 것 등을 결정하였다. 실천방법으로 독립선언서를 발표하여 국민 여론을 환기시키고, 일본 정부와 귀족원, 중의원 양원 및 조선총독에게 국권반환 요구서를 보내며, 미국 대통령과 파리강화회의에 독립청원서를 제출해 국제여론으로 일본에 압력을 가해 독립을 성취하기로 합의하였다. 그리고 이 같은 독립운동을 천도교와 함께 기독교, 불교, 유림 등 각 종교 교단을 총망라하기로 하였다.

이후 손병희의 지휘를 받은 최남선은 기독교 측에서도 독립운동계획이 있는 것을 알게 되어 기독교 측의 대표자격인 평안북도 이승훈(李昇

薰)에게 연락하여 서울에서 기독교 측과의 연대, 협력하게 된다. 불교 측과의 교섭은 최린이 담당하여 한용운(韓龍雲)과 협력하여 독립만세 운동을 함께 추진하게 된다. 이후 한용운과 협의한 해인사의 주지 백용성(白龍城)이 동참하게 된다. 그런데 최남선, 이승훈, 최린의 회합에서 이승훈은 기독교 단독의 계획을 주장하기도 하였으나 최남선과 최린은 독립운동의 통일을 위해 단결해야 한다고 주장하여 이승훈이 수용하는 우여곡절을 겪기도 하였다. 또한 대학생, 중등학생의 참여도 이루어지게 된다. 이 같은 과정을 거쳐서 역사적인 3·1 독립만세 운동의 중앙 지도 조직이 통합적으로 체계화되면서 추진 계획이 진전되었다.

이러한 성과에 기초하여 지도부는 독립선언서에 서명할 민족대표의 인선을 하게 된다. 당시 최대의 종교는 천도교였다. 1926년 7월 10일자 동아일보는 조선 종교 현황 중에 천도교인 수를 200만 명, 기독교 35만 명, 불교 20여만 명으로 기록한 바 있다. 손병희 중심의 천도교는 3·1운동 준비 과정부터 모든 내용을 주도하면서도 민족대표 선정에서는 기독교 등을 최대한 배려하게 된다. 이에 따라 천도교 측에서는 손병희, 권동진, 오세창, 최린 등 지도부를 포함하여 2월 25~27일에 걸쳐 서울에 사는 사람, 또는 지방 간부로서 당시 천도교 기도회의 종료 보고와 국장에 참배하기 위해 서울에 와 있던 이종일(李鍾一), 권병덕(權秉悳), 양한묵(梁漢默), 김완규(金完圭), 홍기조(洪基兆), 홍병기(洪秉箕), 나용환(羅龍煥), 박준승(朴準承), 나인협(羅仁協), 임예환(林禮煥), 이종훈(李鍾勳) 등 총 15

인이 되었다. 기독교 측에서는 이승훈, 양전백, 오화영, 박희도, 최성모(崔聖模), 이필주(李弼柱), 김병조, 김창준(金昌俊), 유여대, 이명룡, 박동완(朴東完), 정춘수(鄭春洙), 신석구(申錫九), 이갑성, 길선주, 신홍식 등 16명이 되었다. 불교 측에서는 한용운, 백용성이 참여하여 민족대표 33인이 결정되었다.

평화적 독립운동이자 근대국가 혁명 운동으로서 3·1독립만세운동

독립선언서는 최남선이 기초하여 천도교에서 경영하는 보성사 인쇄소 사장 이종일이 2만 1,000매의 인쇄를 담당하여 2월 28일 아침부터 전국 각지로 전달되었다. 거사일은 3월 1일로 결정되었다. 그리고 민족대표 중 20여 명은 2월 28일 밤 재동 손병희의 집에서 비밀리에 최종 회합을 가지고 거사 계획에 대한 마지막 검토를 하였다. 3월 1일 정오경 민족대표 33인 중 29인(길선주, 김병조, 유여대, 정춘수 등 4인은 지방에 있었음)이 서울 인사동 태화관(泰華館)에 모였다. 이때 최린은 태화관 주인을 통해 조선총독부에 공식적으로 독립만세 운동을 통지하게 하여 민족대표들은 일본 경찰들에게 자진 체포되게 된다. 그리고 3·1독립운동 지도부는 도쿄에 밀파된 임규(林圭) 등을 통해 일본 정부와 의회에 독립선언서 등을 우송하였고 상하이에 밀파된 김지환(金智煥)은 윌슨과 파리강화회의의 각 대표에게 독립선언서와 청원서를 보냈다.

민족대표 33인의 독립선언 이후 탑골공원 등에서는 서울의 중등학교 이상의 남녀 학생 4,000여 명이 '대한독립 만세'를 외치고 시위행진에 나섰으며 수만여 명의 군중이 동참하였다. 시위군중은 공약 3장에서 밝힌 대로 질서를 유지하여 폭력사건은 발생하지 않았다. 그러나 평화적 시위에도 불구하고 일본군대와 경찰이 강제해산시키고 130여 명을 체포하였다. 3·1독립만세운동은 서울 뿐만 아니라 평양, 진남포, 안주, 의주, 선천, 원산 등 이북지방에서도 진행되었다. 이후 서울, 평안남도, 평안북도, 함경남도의 시위에 이어 2일에는 개성, 3일에는 충청남도 예산, 4일에는 전라북도 옥구, 8일에는 경상북도 대구, 10일에는 전라남도 광주, 10일에는 강원도 철원과 함경북도 성진, 11일에는 경상남도는 부산진 시위, 19일에는 충청북도 괴산, 21일에는 제주 조천리 시위 등 전국으로 확산되었다. 전국 13도가 참여하는 한국 역사상 최대의 민족운동으로 발전한 것이었다.

이 과정에는 천도교, 기독교, 불교 등의 조직이 큰 역할을 하였다. 그런데 천도교의 경우 북부의 6개도 조직은 활발하게 움직인 반면에 남부지방에서는 활동이 상대적으로 약했다고 한다. 이는 동학 농민혁명 운동 과정에서 동학 천도교 조직이 호남, 충청지역에서 심각한 타격을 입었고 그 이후에도 지속되었던 탄압 때문인 것으로 보인다. 그런데 손병희 등 3·1운동 지도부가 추진했던 박영효가 과거 개화파 세력과 유림의 3·1독립만세운동 참여는 성사되지 못했다.

3·1독립만세운동의 역사적 의미

3·1독립만세운동은 여러 가지 측면에서 세계사적으로도 높이 평가받을 독립운동이었다. 그 의미는 먼저 민족 구성원 전체 약 2000만 명 중 백만여 명이 넘는 국민들이 평화적 방법으로 군중 운동을 일으켜 독립운동을 전개한 것이었다. 역사적으로 기록될 만한 평화적 독립운동이자 근대국가 혁명 운동이었다고 할 수 있을 것이다. 다음으로 3·1독립운동의 특징은 세계 역사상 유례를 찾아보기 힘든 종교 간 연대를 통한 독립운동이었다. 천도교, 기독교, 불교 등 종교 세력이 연대, 협력하여 독립운동, 군중 운동을 전개한 것은 세계 철학 사상사적 차원에서도 재평가할 만한 의미 있는 평화적 혁명 운동이었다고 할 수 있을 것이다.

미국 윌슨대통령의 민족자결주의와 3·1독립운동의 사상

3·1독립운동에 큰 영향을 끼쳤던 미국 윌슨 대통령의 민족자결주의는 우드로 윌슨이 1918년 1월 18일 제1차 세계대전의 종결을 앞두고 미국 의회에서 발표한 '14개조 평화 원칙'에서 처음 관련 내용이 제시되었다. 그 중 5항의 '식민지 요구의 공평한 조정'에서 식민지의 주권을 결정하는 데 그 주민의 이익과 수립하게 될 정부의 공평한 주장이 동등하게 고려돼야 한다는 원칙하에서 모든 식민지 요구를 공평하게 조정한다고 규정하였다.

이 같은 내용의 민족자결주의는 세계 1차 대전 도중 협상국 측의 정치적 목표 중 하나였고, 종전 이후 베르사유 조약에서 각국에 받아들여졌다. 1차 대전 종전 이후, 오스트리아-헝가리 제국과 오스만 제국, 러시아 제국이 민족자결의 영향을 받아 독립국을 떼어내게 된다. 이에 따라 에스토니아, 체코슬로바키아, 헝가리, 핀란드, 폴란드, 라트비아, 리투아니아 등 유럽의 여러 국가들이 독립국가가 된다.

세계 1차 대전 승전국 중심의 민족자결주의

유럽 이외의 지역은 그 영향을 받지 못한 나라들이 많았다. 독일의 식민지였던 탄자니아, 나미비아, 카메룬, 토고 등 아프리카 지역 국가들과 영국, 프랑스, 미국, 일본, 포르투갈 등 전승국들이 지배하던 한국과 인도를 포함하여 말레이시아, 브루나이, 미얀마, 베트남, 캄보디아, 라오스, 필리핀, 스리랑카, 모로코, 튀니지, 알제리, 세네갈, 케냐, 리비아, 기니, 가나, 잠비아, 나이지리아, 기니비사우, 앙골라, 모잠비크 같은 식민지 국가들과 1차 대전 당시 중립국이었던 네덜란드와 스페인의 식민지였던 인도네시아와 수리남, 적도기니 등은 민족자결주의가 작동하지 못했다.

이는 윌슨의 민족자결주의가 본질적으로 세계 1차 대전 승전국들을 중심으로 패전국들의 식민지를 재편성하는 성격이 중심이었고, 유럽의 일부 국가들이 민족자결주의의 수혜를 입었을 뿐이었다는 것을 구체적으로 보여준다.

그러나 민족자결주의 원칙은 당시 민족자결주의의 적용 대상이 아니었던 전승국, 중립국 지배하에 있었던 식민지 국가들에도 정신적으로 큰 영향을 끼쳤다. 그중에서도 일본 제국주의에 의해 1910년 강제 병합된 한국에서는 거족적인 평화적 독립운동이자 근대국가 혁명 운동이었던 역사적인 3·1 독립만세 운동이 일어났다. 또한 이후 독립과 근대국가 혁명이라는 열망을 담아 대한민국 임시정부 수립으로 발전하게 된다.

식민지 민족해방운동을 선도한 3·1독립만세운동과 임시정부의 수립

대한민국 임시정부는 3·1독립운동 지도부의 정신이었던 민주공화제 수립이라는 방향에서 1919년 3·1운동 직후 독립운동가들이 상해에 집결, 4월 임시정부를 조직하였고 6월에 임시헌법(전문과 8장 56조)을 제정, 공포하고, 임시헌법에 의해 이승만을 임시대통령으로 선출하고 내각을 구성하였다. 이후 1926년 의정원에서 임시대통령제를 폐지하고 국무령제(國務領制)를 채택하여 김구가 국무령에 취임, 1932년 이봉창의 일왕 폭살미수 사건, 같은 해 4월 윤봉길의 홍구공원 의거 등을 지도하는 등 항일투쟁을 전개하였다. 1940년에는 '건국강령 3장'을 발표하여 광복군을 강화했고, 1944년에는 김구를 주석으로 선출, 미국군과 함께 광복군의 국내 진공작전을 준비하다가 해방을 맞이하였다.

그리고 열강의 반 식민지였던 중국 역시 1919년 5월 4일 소위 5·4운동을 통한 군중시위를 일으켰고, 인도, 베트남, 인도네시아 같은 영국, 프랑스, 네덜란드 등 유럽 열강들의 아시아 식민지국가들에서도 제국주의 국가들의 식민지통치에 저항하는 다양한 독립운동이 전개되었다. 따라서 윌슨의 민족자결주의는 처음에는 세계 1차 대전의 승전국과 중립국 중심으로 적용하려 했지만 이후 승전국, 중립국의 식민지 국가들을 포함하여 많은 식민지 국가들에서 제국주의 국가들의 식민지 통치에 저항하는 광범위한 민족독립 운동으로 확산되었다.

그리고 제1차 세계대전 이후 독일은 민족자결주의로 인해 많은 영토를 상실하게 됨에 따라 큰 불만을 가지게 되었으며, 이러한 불만은 이후 나치독일의 탄생으로 연결되고 나아가 세계 2차 대전의 발발의 원인으로 작용하게 된다.

중동의 경우에도 제1차 세계대전 이후 민족자결주의의 영향으로 오스만 제국통치를 대신하여 영국과 프랑스가 분할 점령, 지배하면서 새로운 종교적 갈등, 민족적 갈등을 배태하게 된다.

자유민주주의 근대국가 문명의 설계사들

1688년 영국의 명예혁명과 1776년 미국의 독립혁명으로부터 출발된 자유민주주의 근대국가 문명은 산업혁명과 결합되어 인류 역사상 기록적인 물질문명의 발전을 가져오게 하였다. 이 근대국가 문명의 주도 세력은 영국의 청교도혁명을 이끌었던 청교도(Protestant)들이었고 이들이 미국의 건국을 주도하기도 하였다. 그런데 그 청교도들의 원동력은 중세시대로부터 내려오던 교황, 왕, 교회 등의 기득권과 형식적인 껍데기들에 대해 저항하고 부정하면서 신과의 직접대화를 통해 자신들의 소명 등을 발견했던 것이다. 즉 신과의 직접대화라는 명상수행을 통해 신의 참뜻, 참 진리, 소명 등을 발견하고 결국 세계사의 새로운 문명을 만들어 냈던 것이다.

이러한 청교도들의 새로운 문명을 만들고자 했던 열정과 동력을 배경으로 영국 미국 중심의 자유민주주의 근대국가 문명의 사상이론의 지도적 역할을 했던 존 로크는 근대국가 문명의 뼈대가 된 의회민주주의, 법치주의, 입법부와 행정권력 간의 견제와 균형의 원리 등을 만들었다. 그는 저서 '정부론'에서 '아무도 다른 사람의 자유, 생명, 재산을 해칠 수 없다'고 선언하여 자유민주주의 근대국가정신의 원천인 자유권, 생명권, 재산권의 원칙을 세웠다. 특히 명예혁명에서는 영국 명예혁명의 중요한 동력역할을 하였던 청교도의 종교적 자유권을 공식적으로 인정하게 된다. 또한 근대 자본주의국가 물질문명 발전의 원동력 역할을 하게 되는 재산권의 원칙도 세웠다. 나아가 로크는 정부가 국민의 자유권, 생명권, 재산권을 지켜주지 못하는 등 제 역할을 못할 때 국민들은 저항권을 가질 수 있다고 주장하여 자유민주주의 근대국가 문명에 관한 이론적 기본 뼈대를 만들었다. 이러한 존 로크의 사상은 미국 독립선언서를 작성하고 건국헌법에 큰 영향을 끼친 토마스 제퍼슨과 '프랑스 혁명 성찰'을 통해 자유민주주의 정치사상을 발전시켰던 에드먼드 버크 등에 의해 발전되었다.

그리고 미국 대통령 링컨은 1863년 흑인 노예해방을 위한 남북전쟁의 격전지인 펜실베이니아주 게티즈버그에서 자유민주주의 기본 원칙인 '국민의, 국민에 의한 국민을 위한 정부'를 밝히는 내용을 포함한 것으로 유명한 연설을 하게 된다. 그는 우리 조상은 자유를 신봉하고 모든 사람은 평등하게 태어났다는 신조에 헌신하는 새로운 나라를 이 땅에 세웠다(our fathers brought forth on this continent a new nation, conceived in Liberty, and dedicated to the proposition that all men are created equal)고 주장하였다. 자유민주주의 근대국가 문명 안에서 인간 사회 평등의 중요성에 대해 분명하게 밝힌 것이었다.

또한 자유민주주의의 이론을 한 단계 더 발전시켰다고 평가되는 존 스튜어트 밀은 '자유론(1859년)'과 '공리주의(1861년)'를 통해 자유에 관한 정치사상을 밝힌바 있다. 그는 1861년 미국에서 발발한 남북전쟁에서 노예제도 철폐를 지지하기도 하였을 뿐만 아니라 식민지 문제에서도 중요한 영향을 끼칠만한 주장을 하였다. 그는 '공리주의'에서 '인류가 서로

에게 피해를 입히는 행위를 금지하는 도덕규칙은 인간사의 특정분야를 관리하는 방식을 규정한 그 어떤 중요한 원리보다 인간의 복지에 소중한 것이다. 또한 이 규칙에는 남의 자유를 그릇되게 침해하는 행위를 금지하는 규칙도 반드시 포함시켜야 한다. 그리고 도덕규칙은 나름의 특성을 가지고 있는데 인류의 사회적 감정 전반을 결정하는 주된 요소라는 것이다. 인간들 사이에서 평화가 유지되는 이유는 사람들이 그 도덕규칙을 준수하기 때문이다. 만약 도덕 규칙의 준수가 예외이고 불복종이 원칙이라고 한다면, 만인이 만인을 상대로 가상의 적이라고 생각할 것이기 때문에 늘 경계를 게을리 하지 말아야 한다'고 주장한 바 있다.

근대국가 문명의 소외지역 식민지국가들의 민족문제

이처럼 자유민주주의 근대국가 문명을 발전시켜왔던 서양의 대표적인 정치사상가들은 자유와 평등의 중요성에 대해 역설해왔지만, 그 자유와 평등은 자신들 국가안의 시민들에게 적용되는 것이었지 식민지에 사는 사람들에게는 거의 적용되지 않았다. 특히 19세기와 20세기 초반 제국주의 국가들 간의 식민지 쟁탈전이 치열해지는 조건에서는 자기 국가들의 국익 중심으로 식민지들을 분할 재편해왔을 뿐이었다. 윌슨의 민족자결주의 역시 이 같은 시대적 한계 속에서 주장되고 적용되었던 것이다.

2019년 봄 국제문제 전문지 「포린 어페어스」는 3·4월호에서 신민족주의에 관한 특집을 다뤘다. 제2차 세계대전 이후 서양 지식인 사회에서 비판 또는 폄훼돼온 민족주의에 관한 담론을 특집으로 다룬 것은 이례적인 일이었다. 서양 주류사회에서 민족주의를 배타시해온 이유는 세계 2차 대전 과정에서 나치에 의한 유태인 인종 학살이라는 끔찍한 배경에 민족주의가 작용하였다는 생각과 연관된다. 민족주의와 인간의 자유와 다양성을 존중하는 철학은 근본적으로 양립할 수 없다는 판단이었다. 즉 민족주의와 자유주의는 대립 충돌할 수 밖에 없다는 것이었다.

21세기 신민족주의의 부상과 자유주의적 민족주의

그런데 「포린 어페어스」가 21세기 신민족주의에 관한 특집을 다룬 배경에는 중화민족 패권주의의 부상과 미국 중심의 세계질서에 대한 도전, 급속한 세계화 과정의 후유증, 인도·터키와 상당수 유럽국가에서 민족주의의 부상, 영국의 유럽연합 탈퇴 움직임에 이어 세계질서의 중심에 서있는 미국에서 미국 우선주의, 경제민족주의를 앞세운 트럼프 정부의 등장과 관련되었다. 「월스트리트 저널」칼럼니스트 월터 러셀 미드는 서양 지식인 사회의 민족주의에 대한 몰이해나 의도적인 자기중심적 무시와는 무관하게 현실적으로 21세기 세계는 민족주의의 새로운 부상과 이에 따른 세계질서의 대변동이 진행되고 있다고 주장해왔다.

「포린 어페어스」의 특집 논문 발표자 야엘 타미르는 옥스퍼드대에서 자유주의적 민족주의를 주제로 박사학위를 받았고 이스라엘 교육부장관을 지냈다. 그녀의 논문의 핵심은 자유주의와 민족주의는 다수의 학자가 주장해 왔듯이 대립과 충돌하는 것이 아니라 공존이 가능하며, 그로 인한 자유주의적 민족주의가 현재 세계질서의 변동 이해와 향후 방향에서 중요한 이념적 토대 역할을 할 수 있다고 주장한다. 20세기 민족주의는 패권적 민족주의 또는 제국주의와 저항적 민족주의 또는 민족해방운동으로 크게 구분된다. 미국과 유럽의 대부분 지식인이 민족주의에 대해 부정적인 것은 민족주의를 패권적 민족주의의 폐해인 나치즘, 인종주의, 유태인 학살 등과 연관시켜 생각해 왔기 때문이다.

그런데 20세기 후반 민족국가를 완성하지 못했거나 불완전했던 아시아·아프리카·라틴아메리카·중동·동유럽 국가 등에서는 민족국가의 형성이나 완성을 위한 다양한 활동이 전개된다. 또한 급속한 세계화 과정과 연관된 불법 이민자 문제, 이로 인한 경제 사회적 문제 등이 세계적 범위에서 민족주의를 확산시키고 있다.

21세기 중화민족 패권주의의 문제점

그리고 아시아에서는 G2로 등장한 중국의 중화민족 패권주의가 새로운 차원에서 민족적 각성을 촉발시키고 있다. 그런데 이러한 중화민족 패권주의 등 핏줄 중심, 인종 중심적 민족주의는 20세기에 나타났던 부정적 민족주의와 결합되면서 21세기에 새로운 문제점을 표출시키고 있다. 첫째, 문제는 자기 민족 중심주의가 다른 민족에 대한 배타성이나 무시를 표출시키는 독선적, 패권적 민족주의다. 20세기 민족주의의 잔재라 할 수 있다. 동아시아에서는 2003년 중국의 패권적 민족주의가 표출되면서 고구려 역사왜곡인 동북공정과 몽골 역사왜곡인 북방공정 등을 통해 나타났다. 다른 한편에서는 이스라엘 민족이 팔레스타인 민족을 힘의 논리로 억압하는 정책 등을 통해 표출되었다. 세계 2차 대전 중 이스라엘 민족은 피해자요 약자였지만, 현재 이스라엘 팔레스타인 관계에서는 팔레스타인 민족이 피해자요 약자라는 현실을 이해하고 '두 개의 국가 해법' 등을 현실화 시키는 것이 필요할 것이다. 이 같은 문제들을 극복하기 위해서는 패권적 배타적 민족주의가 아니라 공존공영의 민족주의로 나가야 한다.

둘째, 민족주의의 부상이 자유민주주의에 대한 이해가 부족하거나 개인의 자유와 다양성 등을 부정하는 것과 연관되면 필연적으로 민족 간, 인종 간의 충돌을 가져오게 된다. 21세기에 대표적 사례는 중국공산당의 티베트 민족에 대한 종교적 탄압과 위구르 민족에 대한 각종 억압 정책이라 할 수 있다. 그리고 다른 한편으로 미국 등에서 세계적인 코로나 위기상황 속에서 나타나는 아시아인 혐오 범죄도 동일한 맥락에서 이해할 수 있다. 이를 극복하기 위해서는 개인의 자유와 다양성을 존중하는 시민 민족주의, 자유민주주의에 기반을 둔 민족주의가 되어야 한다.

셋째, 역사적 문화적 정체성을 중심으로 한, 민족주의가 아닌 핏줄 중심의 민족주의가 되면 많은 부작용을 낳게 된다. 중국의 중화민족 제일주의, 미국 등 서양의 백인 우월주의 등의 인종주의, 북한의 핏줄 중심의 우리민족 제일주의, 일본의 재일동포에 대한 인종적 차별 등이 구체적인 사례들이라 할 수 있다. 이러한 인종주의적 핏줄 중심의 배타적 민족주의는 인류공동체를 망가뜨리는 큰 해악이라 아니할 수 없다. 이를 극복하기 위해서는 자유주의와 민족주의의 공존이라는 자유주의적 민족주의라는 철학적 이해가 필요할 것이다.

철학적으로는 자유주의와 민족주의의 중도회통(中道會通)적 관점의 융합이 필요하다. 개인의 자유와 다양성을 존중하는 자유주의와 역사 문화 경제공동체로서 민족국가의 정체성을 중심으로 한 민족주의 또는 애국주의를 중도 즉 진공묘유의 관점에서 껍데기와 편견을 버리고 양 이념 속의 긍정적 요소들을 회통(會通) 융합(融合) 한다면, 자유주의와 민족주의 또는 애국주의는 공존할 수 있을 것이다. 그 결과로 형성되는 자유주의적 애국주의는 민족국가 간의 평화적 공존 위에서 인류 공동의 평화와 번영을 위해 기여할 수 있을 것이다.

자유민주주의 근대국가 문명의 대표적인 정치 사상가인 에드먼드 버크는 '인간과 국가는 신의 자선에 의한 창조물'이라고 주장한 바 있다. 버크가 주장한 인간과 국가도 나와 내 나라만 말하는 것은 아닐 것이다. 세상의 모든 사람과 모든 나라를 말한 것이라고 이해해야 합리적일 것이다.

불교의 『화엄경』과 한국 전통 도교의 경전인 『천부경』에서는 인간을 소우주로 이해한다. 그런 관점에서 볼 때 나와 내 국가 만이 소우주, 중간 규모의 우주가 아니라 상대방과 상대 국가도 동등한 소우주요, 중간 규모의 우주임을 인정하고 존중해야 할 것이다.

러시아 혁명과 3·1독립운동의 사상

세계 1차 대전 종전 시기에 일어난 1917년 10월 러시아 혁명은 세계 최초의 사회주의 혁명으로 20세기 세계 역사에 가장 큰 영향을 미치게 되는 사회주의 혁명 운동, 좌파 급진주의에 기초한 근대국가 건설 운동의 본격적인 출발점이 된다.

앞서 언급한 바와 같이 세계 1차 대전 종전과 함께 발표된 미국 윌슨 대통령의 민족자결주의를 계기로 하여 한국 독립운동 지도자들은 1918년 세계 각국에 한국의 독립의지를 알리는 활동을 하게 된다. 재미교포들은 재미한인대표자회의를 소집하여 이승만(李承晩) 등을 한인대표로 한국 민족의 자결권을 주장하기 위해 파리강화회의에 보내려고 하였으나 실패하였고, 중국에서 활동하던 독립운동가들은 신한청년단(新韓青年團)을 조직하여 활동하면서 여운형(呂運亨)을 러시아로 보냈다.

중도좌파 여운형, 러시아와 연대 모색

여운형은 1904년 러일전쟁 시기에는 조선왕조의 무능을 비판하면서 러일 전쟁을 동양과 서양의 대결 구도로 보아 조선과 일본이 동맹을 맺고 러시아에 선전포고해야 한다고 정부에 진정서를 내기도 했던 인물이었다. 그 이유는 일본이 아시아를 대표하여 서양열강과 대결하고 있다고 인식하였기 때문이다. 이러한 인식은 안중근 의사가 이토 히로부미를 저격한 이유로 '동양 평화론'을 주장했던 배경이기도 하다. 3·1독립운동 지도자 손병희 역시 러일전쟁 시기에는 일본에 대해서 이와 비슷한 인식을 보이기도 하였다. 그러나 여운형은 1905년 을사늑약 이후에 '이리 무서운 줄은 알고 여우 무서운 줄 몰랐다'고 하면서 항일 독립운동을 시작하게 되었다.

여운형은 1911년 중국의 신해혁명 이후 미국인 언더우드의 추천으로 중국 난징의 금릉대학으로 유학하였는데, 제1차 세계 대전 종전 이후 우드로 윌슨 미국 대통령의 민족자결주의 발표 사건 이후 민족 독립운동에 본격적으로 나서게 되었다. 그 구체적 행동이 '신한청년단'을 조직하고 한국의 독립의지를 러시아에 알리는 활동이었다. 이후 한국 독립운동사에서 중도좌파를 대표하는 인물이 되었던 여운형은 당시에는 조선 독립을 지원하는 세력이라면 이념과 국가에 상관하지 않고 연대와 협력을 추구했다.

1921년 임시 정부 국무총리 이동휘가 코민테른(국제 공산당)이 제국주의의 지배를 받는 식민지 민족을 지원해준다는 사실을 알고 고려공산당을 창당하자 여운형도 가입하였으며, 김규식, 박헌영 등과 국제공산당 주최 '동방 피압박민족대회'에도 참여했다. 그는 모스크바에서 러시아 혁명의 지도자들이었던 블라디미르 레닌과 트로츠키를 만나 조선 독립 운동에 대해 대화를 나누기도 하였다.

마르크스의 사회주의를 레닌이 러시아 혁명으로 현실화 시키다

1917년 레닌이 주도한 러시아 혁명은 마르크스가 자유민주주의 근대국가 문명과 자본주의 체제를 근본적으로 부정하는 차원에서 사회주의를 중심으로 한 새로운 사상이론을 제시하였다면, 러시아 혁명은 이를 현실에서 최초로 구현한 역사적 사건이었다. 마르크스가 1848년에 발표한 『공산당 선언』에서 인류 역사를 계급투쟁의 역사라고 규정하고 『자본론』에서 노동가치설, 잉여가치설을 통해 자본가의 노동자에 대한 착취 구조를 비판하였는데, 실제 현실 속에서 최초의 사회주의 혁명은 자본주의적 성장과 자본가 대 노동자의 대립구도가 상대적으로 부족했던 러시아에서 발생하였다.

레닌은 나아가 "혁명은 국가권력에 대항하여 모든 혁명적 파괴력을

집중하게 되고 혁명의 목적을 국가 기구의 개선에 두는 것이 아니라 그것을 타도하고 파괴하는데 두게 된다"라고 주장한다. 그리고 "제국주의 즉 금융자본의 시대이며 거대 독점자본의 시대이고 독점자본의 국가 독점자본으로의 발전시대는 명백하게 국가 기구의 특이한 확장을 보여주고 있으며 절대왕정 국가에서나 가장 자유로운 공화제 국가에 있어서나 프롤레타리아를 억압할 수단의 확장과 연관하여 전무후무한 관료기구와 군사기구의 확대를 보여주고 있다"고 하면서 제국주의 단계의 국가의 특성에 대한 인식으로 확대해 나간다.

레닌은 국가에 대해 결론적으로 '국가론의 본질은 프롤레타리아 계급에 의한 독재가 모든 계급사회 일반을 위해서나 부르주아를 타도한 프롤레타리아만을 위해서 뿐만 아니라 무계급사회 즉 공산주의라는 완전한 역사적 시기를 위해서도 필요하다는 사실을 인식하고 이해하는 사람들에 의해서만 완성되는 것이다. 부르주아적 국가는 아주 다양한 형태를 지니고 있지만 그들의 본질은 동일하다. 즉 모든 부르주아적 국가는 그들의 형태가 아무리 다양하더라도 끝까지 그 본질을 분석해보면 부르주아적 독재라는 동일한 본질이 드러난다. 자본주의에서 공산주의로의 이행은 풍부하고 아주 다양한 정치적 형태들을 창출하는 것과 밀접하게 관련되어 있다고 주장하였다.

러시아 혁명과 식민지 민족해방운동의 연관성

러시아 혁명은 이후 유럽의 좌파운동과 아시아, 아프리카, 라틴아메리카 민족해방운동에 지대한 영향을 끼치게 된다. 가히 20세기 이후 세계 절반의 인구에게 심대한 영향을 주었다. 세계 2차 대전 이후에는 동유럽국가 들이 사회주의권으로 편입되었고, 중국, 베트남, 북한을 비롯한 적지 않은 아시아, 아프리카, 라틴아메리카 국가들도 사회주의를 선택하게 된다. 결국 사회주의는 자유민주주의 근대국가 문명과 대립, 경쟁하는 또 하나의 근대화 모델 즉 좌파적 근대화모델로 자리 잡게 되었다.

레닌은 민족문제와 관련해서는 그의 대표 저작 중 하나인 '제국주의론'에서 그 단초적 인식을 제공하였다. 그는 『제국주의론』에서 '자본주의는 이제 한 줌밖에 안 되는 선진 국가들이 대다수 인민을 식민지로 억압하고 금융적으로 교살하는 세계 체제로까지 성장했다. 그리고 이러한 전리품은 완전무장한 미국, 영국, 일본과 같은 두세 개의 강력한 약탈자의 손에 분배되고, 또한 그들은 현재 그들의 전리품 분배를 넘어서서 전 세계를 자신들이 벌이는 전쟁 속으로 휩쓸아 가고 있다. 1914년에서 1918년까지의 전쟁은 전쟁에 참여한 양 진영 모두가 제국주의적 병합을 획책하고 약탈을 일삼았던 약탈전쟁이었으며, 그 전쟁은 식민지와 금융자본의 영향권에 대한 분할과 재분할을 목적으로 한 세계 분할 전쟁'이었다고 분석하였다. 그리고 제국주의는 자본주의 역사적 발전에 있어 최고, 최후 단계로 자본주의의 기생성과 쇠퇴를 표현하고 있으며 제국주의는 프롤레타리아 사회혁명의 전야이며, 그것은 1917년 이후에 전 세계적 차원에서 확인되고 있다고 주장하였다.

모택동의 모순론, 실천론과 사회주의 민족해방운동

마르크스 레닌주의에서 민족문제에 대해 이론적 차원에서 체계적으로 처음 정리한 사람은 스탈린이다. 스탈린은 1913년 '마르크스주의와 민족문제'에서 마르크스주의적 민족이론과 민족문제 해결에 대한 공산주의적 태도의 기초를 정리하였다. 그러나 마르크스, 레닌, 스탈린은 식민지 조건에서 생활하거나 투쟁하지 않았기 때문에 민족문제에 대한 사상, 이론적 입장과 내용은 제한적이었다. 마르크스는 심지어 영국의 인도에 대한 식민지정책의 결과 인도의 근대화에 기여했다는 소위 '식민지 근대화설'의 초기적 주장을 하기도 했었다. 마르크스 레닌주의에서 식민지 문제, 민족문제, 민족해방운동에 대한 사상이론적 정리 작업은 제3세계 아시아, 아프리카, 라틴아메리카 민족해방운동 과정에서 진행되게 된다. 마르크스레닌주의 입장에서 민족문제를 체계적으로 정리한 대표적 인물은 모택동이다. 모택동은 1937년 반일제국주의 투쟁을 본격화하면서 그의 대표적 저서 『모순론, 실천론』을 통해 민족문제의 본질과 민족해방운동의 기본 전략전술을 밝히게 된다.

모택동은『모순론, 실천론』에서 자본주의 전체과정을 관통하는 기본 모순은 계급모순이지만 제국주의 단계의 식민지 반식민지 국가들이 직면하고 있는 것은 민족모순이고 이것이 당면하여 집중해서 해결해야할 주요모순이라고 정식화하면서 민족해방투쟁의 전략과 전술을 정식화하였다. 여기에서 민족모순의 해결과 관련된 민족해방을 위한 통일전선 전술도 나오게 되고 중국에서는 중국공산당과 장개석이 주도하는 국민당 간의 합작전술이 현실화 된다. 이러한 모택동의『모순론, 실천론』에 기초한 민족해방투쟁 이론은 아시아, 아프리카, 라틴아메리카 제3세계 민족해방운동에 지대한 영향을 끼치게 된다. 사회주의 혁명의 중심무대가 유럽의 성장된 자본주의 국가가 아니라 아시아, 아프리카, 라틴아메리카로 옮겨지게 된 것이다.

자유민주주의 근대국가 문명의 안티테제로서
제3세계 사회주의 혁명

이 같은 변화는 자유민주주의 근대국가 문명에 대한 안티테제로 등장한 사회주의 혁명을 통한 좌파적 근대화 전략이 자유민주주의 근대국가 내부에서 성장하는 것에는 한계를 보인 것이라고 할 수 있다. 대신 제국주의적 수탈의 피해자가 되었던 아시아, 아프리카, 라틴아메리카의 식민지, 반식민지 저개발 국가들에서 좌파적 근대화 전략의 한 모델로 시도되는 양상으로 변화되었다고 할 수 있다.

그리고 레닌은 자본주의를 타도하고 공산주의로 이행하기 위해서는 제국주의와 싸워야 하며 그것은 곧 식민지 국가들에 대한 해방운동 지원과 연관되어 있다는 인식하에 식민지 민족해방운동에 대한 지원을 하게 된다. 대표적으로 몽골은 1923년 세계에서 두 번째로 사회주의 혁명을 성공시켜 소련과 연대를 취하게 된다. 우리나라의 3·1 독립만세 운동역시 미국 윌슨 대통령의 '민족자결주의' 뿐만 아니라 레닌의 사회주의 혁명과 제국주의 타도와 연관된 민족해방운동에 대한 지원의 영향도 받았다고 할 수 있다.

미중신냉전시대의 화약고 동아시아

그리고 21세기 동아시아는 역사적으로 러시아 혁명으로부터 비롯된 좌파적 근대국가 혁명의 흐름을 가장 강력하게 계승하여 새로운 세계적인 안보위협으로 부상하고 있다. 특히 중국은 미국의 세계패권에 도전할 정도로 세계 양대 강대국으로 등장한 것을 계기로 중화민족주의의 완성을 위해 대만점령을 통한 통일국가의 완성을 추진하고 있고, 북한은 현실적 핵 국가가 된 것을 지렛대로 하여 북한주도 한반도 통일을 통한 근대민족통일국가의 완성을 추진하고 있다. 이에 따라 동아시아는 세계의 전쟁가능성이 가장 높은 지역으로 떠올랐다.

특히 대만 사태가 발생할 경우에 자유주의적 국제질서의 수호차원에서 미국의 개입은 불가피한데, 그 경우에 주한미군의 투입가능성이 대단히 높아서 연쇄적으로 중국과 북한이 군사행동에 나설 가능성이 크다. 이는 북한이 한반도에서 무력통일을 추진할 가능성을 약 30% 내외까지 높이고 있다고 분석된다. 이러한 분석에 대해 동아시아 문제 전문가들 상당수는 중국과 북한의 위협을 과도하게 과장하여 미중 신냉전을 부추기고 한반도정세의 긴장을 불필요하게 고조시키는 것이 아닌가라는 비판적 견해를 보이고 있다. 그러나 이 같은 견해는 중국공산당 지도부와 북한 노동당 지도부의 성격과 전략에 대한 이해의 빈곤과 관련된다고 생각된다.

1957년 모택동은 모스크바에서 "제3차 세계대전이 일어날 경우 최악의 경우 세계 인구 27억 중에서 절반은 죽고, 절반은 생존할 것이다. 그렇게 되면 제국주의 국가들은 모두 파멸하고, 전 세계는 사회주의 체제로 변할 것이다. 그리고 수년 안에 세계 인구는 다시 27억이 될 것이다"라고 하였다. 공산당 지도자들의 전쟁과 혁명에 대한 이해가 담겨있는 발언이다. 현재 중국공산당 지도자 시진핑은 모택동과 가장 성격이 유사한 지도자로 평가된다. 시진핑은 중국공산당 100주년 기념연설에서 "중국을 괴롭히는 세력은 머리가 깨져 피를 흘리게 될 것이다"라면서 '대만통일'에 대한 의지를 분명히 했다, 이는 대만에 대한 준선전포고적 성격을 가지고 있고, 미국에는 대만문제를 간섭할 경우 엄청난 희생을 각오해야 할 것이라는 준 협박성 발언을 한 것이다. 대만 사태가 발발할 경우 동아시아 정세는 한반도 전쟁을 포함한 예측불허의 상황으로 돌입할 가능성이 높다.

한반도 전쟁 가능성과 평화의 문제

북한 노동당 지도부 역시 90년대 말 100만 명 내외의 아사 사태를 겪으면서도 핵 무장국가 전략을 버리지 않았고 나아가 북한 주도 한반도 통일에 대한 의지를 포기한 적이 없었다. 현재 중국도 북한도 미국과 전면전쟁을 할 경우에 패배할 것이라는 것을 모를 만큼 바보들은 아니다. 그러나 중국공산당 지도부가 모택동 정도는 아니더라도 중국인이 1000만 명 정도는 희생하고 100만 명 정도의 미국인을 희생시키겠다는 각오를 하고 대만 침공을 할 경우에 미국이 전면전을 각오하고 대만을 끝까지 지킬 수 있을 것인지를 질문해 보아야 한다.

또한 북한 지도부의 경우에도 북한인이 100만 명 정도는 희생하고 한국, 일본, 미국에 수십만 명 정도는 희생시키겠다는 각오와 경우에 따라서 핵무기 사용도 불사하겠다는 의지를 보이고 다른 한편으로 미국을 상대로 북한 주도 한반도 통일을 인정할 경우에 북한은 베트남처럼 친미 비중 국가로 나가겠다는 등의 협상 등을 할 경우에 미국이 일본 또는 미국의 수십만 명의 희생과 핵 전쟁의 위험까지 무릅쓰고 한국을 끝가지 지킬 수 있을 것인지를 질문해 보아야 한다. 이러한 동아시아 정세의 복잡성과 중국공산당과 북한노동당 지도부의 특성을 고려할 경우에 현 동아시아 정세는 한국전쟁 이후 최대의 위기라고 아니할 수 없다.

　러시아 혁명으로부터 시작된 좌파적 근대국가 혁명의 흐름과 영국의 명예혁명, 미국의 독립혁명으로부터 시작된 우파적 근대국가 혁명의 흐름이 21세기에 동아시아에서 새롭게 충돌할 가능성이 확대되고 있는 것이다. 이러한 변화되는 동아시아 정세의 조건에서 한반도의 평화를 위해서는 그 어느 때보다 중도(中道) 사상 즉 진공묘유적 깊은 통찰력에 기초한 지혜로운 대응이 절실히 요구된다고 생각된다. 그리고 그 출발점은 약 100여 년 전 평화적인 독립운동이자 근대국가 혁명 운동으로 세계사적인 모범사례가 되었던 3·1독립만세운동으로부터 역사적 교훈을 잘 얻는 것이라고 생각된다.

3·1독립운동의 이념- 손병희의 민주공화제와 상해임시정부

3·1독립만세운동은 앞서 3·1운동의 준비과정과 실행 과정에서 나타
나듯이 동학을 계승하여 창립된 천도교 세력이 중심이었고 그 과정을 전
체적으로 지도한 인물이 손병희였다.

손병희는 1894년 동학 농민혁명 운동 당시에는 척양척왜 보국안민을
기본적인 정치사상으로 가지고 있었다고 할 수 있다. 그러나 1894년 동
학 농민혁명 운동을 비극적으로 종결시킨 '우금치 학살사건'은 손병희를
비롯한 동학 농민혁명 운동 주도했던 인물들에게 심각한 정신적 충격을
안겨주었다고 할 수 있다. 크게는 두 가지라고 할 수 있다.

동학 농민혁명 운동과 성리학적 세계관의 종언

첫째는 봉건왕조체제에 대해 기본적으로 존중하는 성리학적 세계관이 근본적으로 균열되었다는 점이다. '보국안민'을 핵심 기치로 내세웠던 동학 농민혁명 운동 과정에서 최시형, 손병희 등 동학의 지도부는 전봉준이 주도하는 남접이 고부 민란을 계기로 조선왕조에 대한 전면적인 부정의 움직임을 보이자 이에 대해 '국가의 역적이며 사문(師門)의 난적'이라고 비판한 바도 있다. 이후 동학 내 지도자들의 조정으로 수습되어 공동투쟁하였으나 최시형, 손병희 등 당시의 동학 지도부는 봉건왕조체제에 대해 조선시대를 지배했던 성리학적 세계관 즉 개혁을 주장하더라도 왕정 자체에 대해서는 존중하는 태도가 남아있었던 것이다. 그런데 동학 농민혁명 운동 과정에서 1차 봉기를 계기로 조선왕조는 청나라에게 출병을 요청하여 진압하려 했고, 최대 전투였던 우금치 전투에서는 조선왕조 관군이 일본군과 연대하여 농민군을 무자비하게 학살하다시피 했던 것이다. 이러한 피로 얼룩진 생생한 경험은 손병희 등 동학 농민혁명 운동에 참여했던 세력에게 봉건왕조에 대한 태도와 왕조질서에 충성해야 한다는 성리학적 세계관을 근본적으로 바꾸게 되는 결정적 계기가 되었다고 평가된다.

둘째는 근대적 무기로 무장한 일본군에게 참패당한 문명적 충격이라 할 수 있다. 동학 농민혁명군은 우금치 전투 등에서 일본군은 불과 수십

명의 사상자를 낼 동안에 농민군은 수만 명이 사망하고 수십만 명이 부상을 당하게 되는 처참한 패배를 당하게 된다. '우금치 전투'라고 불려 지기보다는 '우금치 학살사건'에 가까웠다고 할 수 있다. 동학의 창시자 최제우 등은 1840년대에 이미 아편전쟁 등의 소식을 통해 서양문명, 근대문명이 대단히 발전되어 있고 파괴적이라는 말 등을 소문 정도로 들었었다. 그런데 동학 농민혁명 운동 과정에서 '우금치 학살사건'이라는 실제 전투를 통해 서양 근대문명을 수용하여 근대적 무기로 무장한 일본군대의 힘을 직접 목격하게 된 것이었다. 이러한 수만 명의 희생을 배경으로 한 실천적 체험은 손병희 등 동학 농민혁명 운동에 참여했던 세력에게 근대국가 문명으로의 전환에 대한 필요성을 절실하게 느끼게 하는 결정적 계기가 되었을 것이라고 분석된다.

'우금치 학살사건'의 문명적 충격과 일본식 개화운동의 모색

이러한 동학 농민혁명 운동의 참패 과정을 경험한 손병희 등 동학 지도부는 사상적 진통을 겪게 되는데, 그 대표적 사례가 1904년 '진보회' 사건이다. 동학 세력을 중심으로 형성된 '진보회' 사건은 전국적으로 추진된 근대화 사회운동의 성격을 띠었다. 1904년 일본은 한국 및 만주에 대한 이해관계 때문에 러일전쟁을 추진하게 된다. 당시 일본에 있던 손병희(孫秉熙)는 동학의 제3대 교주로서 조국의 정세를 분석하고 이에 대응

하고자 하였다. 1904년 6월 '황성신문'에 따르면 러일전쟁이 발발하자 동학 신도의 활동이 활발하게 움직였는데, 동학 세력이 민회 운동(民會運動)을 통해 사회단체를 만들어 조직적으로 사회를 개혁하려는 사회운동을 추진했다고 한다. 손병희는 일본에서 이 운동을 지휘했는데, 그 조직의 이름이 진보회(進步會)였다. 진보회는 활동 강령으로 ① 황실을 존중하고 독립 기초를 공고히 할 것, ② 정부를 개선할 것, ③ 군정, 재정을 정리할 것, ④ 인민의 생명·재산을 보호할 것 등을 내세웠으며 손병희는 이용구(李容九)를 귀국시켜 진보회 운동을 주도하게 하였다.

1904년 8월 전국에서 동시에 창립대회를 열고 회원들이 머리를 깎는 등 근대화에 대한 의지를 보이는 시위를 하였는데 참여자가 16만 명에 가까워 대단한 조직력을 보여주었다. 당시 일본공사관의 보고에 따르면 지방 진보회 회원이 11만 명이 넘는다고 하였다고 한다. 그리고 지방관리 들은 동학당이 되살아나 소란을 피운다고 중앙에 보고했다고 하며, 이에 조선 정부는 토벌을 지시했다고 한다. 이 과정에서 진보회에 대한 탄압을 못하도록 도운 것이 친일파 송병준 등이 만든 친일 조직 일진회(一進會)였다. 이후 10월에는 이용구 주도의 진보회와 일진회가 합쳐서 일진회라는 통합조직이 만들어지고 이 친일 조직 '일진회'는 여러 가지 친일활동을 하였으며 을사늑약에도 지지 성명을 하게 된다.

이같이 근대화 사회개혁 운동을 취지로 손병희와 동학 세력이 중심이 되어 조직하였던 진보회가 '일진회'로 통합된 뒤 친일성향을 노골화 하자 동학 3대 교주 손병희는 1906년 귀국 이후 동학을 천도교로 개칭 하고 1906년 9월에 이용구 등 일진회에서 계속 활동하는 모든 신도들을 축출하게 된다.

동학 농민혁명 운동 참패 이후 나라를 근대국가로 전환시키는데 깊 은 관심을 가지게 되었던 손병희는 미국으로 가려 했던 시도가 실패한 뒤 1900년대 초에 일본과 상해를 오가면서 근대국가 문명과 국제정세의 동향에 대해 새롭게 배우게 된다. 일본 망명 중에는 박영효 등 갑신정변 을 일으켰던 개화파 등과도 교류했다고 한다. 그리고 다른 한편으로 동 학 농민혁명 운동 참패 이후 붕괴되고 흩어졌던 동학 조직을 수습하고 재건하는 활동을 병행하게 된다. 이러한 손병희의 근대국가 문명과 국 제정세를 새롭게 배우려 했던 활동과 동학조직 재건을 위한 활동이 결합 되어 표출된 것이 1904년 러일전쟁 전후의 진보회 사건이었다.

러일전쟁과 한일 연대론의 제기

손병희는 러일전쟁 무렵, 일본의 전쟁 승리를 점치고 일본과 함께 동 맹을 맺어 당당히 전승국이 되어야 할 필요성에 대해 주장했다고 한다. 그는 일본이 승리한다고 본 이유에 대해 첫째, 러시아는 지리적으로 불 리하다 . 둘째, 러시아는 극동의 단 한 개의 부동항을 얻고자 함이나 일본은 러시아와의 전쟁에서 목숨 걸고 싸우기 때문이다. 셋째, 일본은 청일전쟁 때보다 더 발전된 새로운 무기 체계를 도입하고 독일에서 전술을 배웠다고 분석하기도 하였다. 동학 농민혁명 운동 참패 이후 근대국가 문명과 국제정세에 대해 새롭게 배운 내용을 반영하고 있는 것이다. 이러한 분석에 기초하여 손병희는 1904년 러일전쟁이 시작되자 도쿄에 가서 일본 군부에 전쟁 비용으로 1만 엔이라는 당시로서는 거액을 기부했다고 한다. 이 돈은 손병희의 동학 조직의 재건사업이 상당한 성과를 거두었음을 보여준다. 이같은 활동과 병행하여 국내에 이용구를 보내 진보회를 조직하고 일본의 러일전쟁 관련 지원활동을 시도 했던 것이다.

이러한 손병희의 러일 전쟁시 일본에 대한 지원활동의 배경은 1900년대 초반 적지 않은 독립운동가 들의 동아시아 정세에 대한 인식과 연관된다. 손병희, 여운형, 안중근 등은 당시 서양열강들의 동아시아 국가들에 대한 침탈에 분노하였고 일본이 동양과 서양의 대결에서 동양을 대표하는 측면에 대해 평가하면서 러일전쟁 때 일본을 지원하려는 의사를 표출하였던 것이다. 여운형은 러일전쟁 시기에 조선왕조의 무능을 비판하면서 조선과 일본이 동맹을 맺고 러시아에 선전포고해야 한다고 정부에 진정서를 내기도 했었고, 안중근 의사는 1909년 이토 히로부미를 저격한 이유로 '동양 평화론'을 주장한 바도 있다. 안중근의 '동양평화론'은 서양 제국주의 열강이 아시아를 침략하고 있는 정세에서 동아시아의 한국, 일본, 중국이 힘을 합쳐 동양평화를 이루고 서양 제국주의 열강에 대응하는 것이 필요하다는 주장이었다.

　이와 비슷한 맥락에서 손병희는 러일전쟁 시기에 한국과 일본이 동맹을 맺어 전쟁을 치르고 한국이 일본과 함께 전승국이 되자는 취지에서 일본을 지원했던 것이다. 1904년 진보 회의 조직과 단발 운동 등 사회개혁 운동도 이러한 1900년대 초반 손병희 등 독립운동가들의 일본에 대한 인식과 연관 지어 이해할 필요가 있다. 서양열강의 침략에 대해 일본과는 연대하고 국내적으로는 일본처럼 근대 문명국가로의 전환 즉 개화운동, 사회개혁 운동이 필요하다고 보았던 것이다.

　제국주의에 대한 이해의 한계와 개혁 운동 역량의 한계

　그러나 손병희 등의 이러한 인식은 1894년 동학 농민혁명 운동을 계기로 추진된 청일전쟁에서 승리한 이후 본격적으로 군국주의, 제국주의의 길로 진입한 일본 제국주의의 성격에 대해 정확히 이해하지 못한 한계가 있었다. 또한 조선은 대한 제국이라는 껍데기를 쓴 조선왕조 정부가 여전히 무능과 부패로 얼룩진 상태에 있었기 때문에 근대국가 문명으로의 전환은 많은 한계를 가지고 있었다. 따라서 재야의 손병희, 여운형, 안중근 등이 일본과 연대를 통한 조선의 개화 또는 동양평화론 등을 주장하는 것은 국가 전체적 차원에서는 분명한 한계가 있었던 것이다.

이에 따라 손병희가 1904년 국내 개화운동을 추진하기 위해 결성했던 '진보회' 운동은 결국 비슷한 시기에 친일파 송병준이 조직했던 일진회가 일본제국주의를 등에 업고 진보회를 공작적으로 이용한 움직임에 휩쓸렸던 것이다. 여기에다 손병희의 지시로 국내 '진보회' 조직의 핵심으로 활동하던 이용구의 친일파로의 변신은 '진보회' 활동의 변질로 이어지고 나아가 '일진회'의 친일활동에 이용당하게 되었던 것이다. 결국 1906년 손병희는 귀국 이후 '진보회'의 실험적 개화운동에 대해 이용구 등 친일파 세력의 축출과 범 동학운동 조직의 천도교 조직으로의 개편을 통해 정리하게 된다.

동학의 천도교로의 개편과 새로운 독립운동,

근대국가 혁명 운동의 준비

그리고 이후 손병희는 천도교 조직의 확대와 교육사업 등에 기반하여 독립운동과 근대국가 문명으로의 전환이라는 과제를 추진하게 된다. 이 같은 활동의 성과를 기반으로 추진된 것이 역사적인 1919년 3·1독립만세운동이었던 것이다. 주지하다시피 3·1독립운동 시작과 진행과정에서 천도교로 전환된 동학교도들은 핵심적 주력부대로서 역할을 하게 된다.

이러한 손병희 등 동학 3세대들의 근대국가 문명으로의 전환을 위한 노력은 1919년 3·1독립운동으로 꽃을 피워냈다. 1919년 3·1독립운동은 20세기 아시아, 아프리카, 라틴아메리카 민족국가 독립운동 역사에서 높이 평가받을만한 운동이었다. 또한 조선의 근대국가로의 전환을 위한 출발점이 된 상해임시정부 수립의 결정적 계기가 되었다. 3·1독립운동은 그 참여자가 100만여 명, 사망자가 7000여 명 부상자가 4만 여 명에 달하는 말 그대로 민족 구성원 절대다수가 범민족 차원에서 독립운동이었다. 그뿐만 아니라 그 운동 방식에서도 세계 독립운동사에서 유례를 찾아보기 힘든 평화적 만세운동을 통해 다수의 군중이 광범위하게 참여할 수 있도록 했다.

손병희의 민주 공화제와 상해 임시정부의 수립

그리고 3·1독립운동의 지도자 역할을 했던 손병희는 재판 과정에서 3·1독립운동의 목표가 민주 공화제였음을 밝히기도 했다. 판사가 '조선이 독립하면 어떤 정체의 나라를 세울 생각이었나?'라고 묻자 손병희는 '민주정체로 할 생각이었다'고 밝혔다고 한다. 그리고 이에 대해 '이 일은 나뿐만이 아니라 일반이 그렇게 생각하고 있는 것으로 믿는다. 나는 유럽 전쟁(1차 세계대전) 중에 교도들과 우이동에 갔을 때, 전쟁이 끝나면 상태가 일변해 세계에 임금(君)이 없어질 것'이라고 이야기한 적이 있음을 밝히기도 했다. 손병희 등 3·1독립운동 지도자들의 이러한 생각은 3·1운동 직후 3·1운동 정신을 계승하여 수립된 상해임시정부가 실제로 공화정을 정부 체제로 채택한 것으로 귀결된다.

　　3·1 독립운동의 지도자 손병희는 1894년 동학 농민혁명 운동 당시에 보국안민을 내세우고 반외세 반봉건 개혁을 추진하면서도 조선왕조체제에 대해 일정한 미련이 있었던 시기를 경험하였다. 이후 그는 1900년대 초 일본과 중국 등을 다니면서 근대국가 문명에 대한 이해를 넓히고 난 뒤에는 조선왕조체제에 대한 미련을 버리고 일본과 연대하여 러시아 등 서양열강에 대항하고 조국을 근대화시키려는 사회개혁 운동을 추진하고자 했던 과도기도 거쳤다. 결국 그는 최종적으로 1919년 평화적 독립운동이자 근대국가 문명으로의 전환을 위한 혁명 운동이었던 역사적 독립만세 운동을 성공시켰던 것이다.

3·1독립운동 시기의 손문과 후쿠자와 유키치

1894년 청일전쟁을 전후로 하여 일본은 본격적으로 군국주의, 제국주의의 길로 진입하게 된다. 이 시기에 유럽 열강들 속에서는 제국주의 국가들 간에 식민지 쟁탈 등을 둘러싸고 본격적인 경쟁에 돌입하게 된다. 특히 1871년 철혈재상 비스마르크 주도로 뒤늦게 통일을 완성한 독일은 후발 제국주의 국가로서 영국, 프랑스 중심의 기존 선발 제국주의 주도의 질서에 도전하게 된다. 이러한 유럽의 영국 중심의 선발 제국주의 국가와 독일 중심의 후발 제국주의 국가 간의 대립과 경쟁은 1914년 세계 1차 대전 발발로 이어지게 된다. 이러한 역사적 과정에서 독일은 후발 제국주의 국가로 선발 제국주의 국가들에 도전하는 과정에서 필연적으로 국가주의적 색채를 강하게 띠는 국가 발전 모델을 선택하게 된다.

후발 제국주의 국가 독일을 모델로 삼은 일본 제국주의

이같은 맥락에서 아시아에서 새로운 후발 제국주의 국가로 등장한 일본 역시 필연적으로 독일과 같은 국가주의적 색채가 강한 군국주의, 제국주의의 길을 걷게 된다. 이러한 흐름은 특히 1894년 청일전쟁 승리 이후 더욱 강화된다. 이에 따라 독립된 개인의 자유와 자유주의적 발전의 길, 다시 말하여 영국과 미국을 모델로 한, 자유민주주의 근대국가 문명으로의 전환을 주장해온 후쿠자와 유키치는 일본 정부에 대해 비판적 입장을 취하게 된다.

이러한 역사적 배경 속에서 일본의 새로운 근대국가 전략의 사상가로 등장한 인물이 이노우에 테츠지로(1856~1944)이다. 1880년 도쿄제국 대학을 졸업하고 문부성에서 근무하다가 1882년 대학으로 돌아와 동양철학사를 강의했다. 이후 1884~1990년 독일 하이델베르크와 라이프치히 대학교에서 국비유학을 다녀온 다음, 도쿄제국 대학 철학교수가 되었다. 1897~1904년에는 이 대학 문학부 학장으로 일했다. 일본 천황의 의지와 권위에 대한 충성을 요구한 교육칙어가 공포된 1890년 '제실과 종교의 관계(帝室と宗敎の關係)'에서 기독교를 비판하는 등 국가 이외의 권위에 대해 비판하였으며 '현상 즉 실재론'을 통해 현존하는 천황제 국가를 일원론으로 옹호하였다.

이에 따라 일원론에 도전하는 다양한 형태의 이원론 철학을 비판하기도 하였다. 제국 학사원(帝國學士院) 철학회 회장으로서 일본 사상의 방향에 많은 영향을 끼쳤다. 『일본 양명학파의 철학(日本陽明學派之哲, 1900)』, 『석가모니 전(釋迦牟尼傳, 1902)』등의 저서를 통해 서양 철학적 내용과 동양철학적 내용의 통합적 이해를 추구하기도 하였다.

일본 국가주의 비판자 후쿠자와 유키치와 옹호자 이노우에 테츠지로

이러한 이노우에 테츠지로의 경력과 철학적 내용은 1868년 명치유신 이래로 일본의 자유민주주의 근대국가 문명으로의 전환 과정에서 대표적인 사상적 지도자로 평가되어온 후쿠자와 유키치와는 정반대적 성격이라 할 정도로 대비되는 내용을 가지고 있다.

첫째, 후쿠자와 유키치는 독립된 개인의 자유가 자유민주주의 근대국가 문명의 핵심 기초임을 분명히 했었다면, 이노우에 테츠지로는 독립된 개인의 자유보다 국가 전체의 이상적 목표가 더 중요함을 강조하였다.

후쿠자와 유키치는 처음에 난학을 통해 자유민주주의 근대국가 문명을 배웠고, 이후 샌프란시스코를 다녀온 뒤에는 본격적으로 영국과 미국이 주도해온 자유민주주의 근대국가 문명을 일본과 아시아에 실현하고자 했다. 서양의 자유민주주의 근대국가 문명을 선도하고 주도해온 것은 1688년 영국의 명예혁명과 1776년 미국의 독립혁명이었고 이들의 배경에는 16세기 17세기 유럽의 역사에서 중요한 역할을 했던 종교개혁 세력 그중에서도 영국, 미국, 네덜란드의 자유민주주의 근대국가 문명을 선도하고 주도하였던 프로테스탄트였다. 이에 따라 후쿠자와 유키치는 서양의 자유민주주의 근대국가 문명의 핵심 흐름이었던 영미 문명을 통해 근대국가 문명을 배우려고 하였고, 그들의 철학 사상을 일본에서 실현하고자 했다고 평가된다.

반면에 이노우에 테츠지로는 서양의 자유민주주의 근대국가 문명을 주로 독일 유학 과정을 통해서 배웠다고 할 수 있다. 독일은 유럽의 종교개혁 과정에서 시작된 30년 전쟁의 종결과 함께 가톨릭 제국으로서의 신성로마제국이 사실상 붕괴되면서 국가적 성립을 이루지 못하게 된다. 결국 1648년 베스트팔렌 조약을 통해 유럽의 다수 국가들이 주권 국가들로 등장하고 근대 유럽의 새로운 정치구조를 만들 때 소외되면서 근대국가 문명으로의 전환이 지체되었다. 유럽의 주요 국가들 중에서는 가장 뒤늦게 1871년 강력한 독일통일민족국가 건설을 내세운 비스마르크에 의해 비로소 통일된 근대 민족국가를 구성하게 된다. 이러한 독일의 뒤늦은 근대국가 출발은 유럽 열강의 식민지 쟁탈 경쟁에서 필연적으로 뒤처지게 되는 등 국가적 경쟁에서 영국, 프랑스 등에 밀리게 된다. 이에 따라 독일은 독립된 개인의 자유를 중요시하는 자유민주주의 근대국가 문명의 본류와는 다른 비주류의 길을 걷게 된다. 즉 개인의 자유보다 민족국가의 이익과 목표를 중시하는 철학을 내세우게 된다. 바로 이 시기에 독일에서 유학한 이노우에 테츠지로는 독일의 이 같은 국가주의적 철학을 수용하게 된다. 그리고 이 같은 국가주의적 철학은 1894년 청일전쟁을 전후로 본격적으로 서양열강 제국주의 국가들과 경쟁에 나서게 된 일본의 국가적 흐름과 자연스럽게 결합하게 된다. 일본은 독일처럼 후발 제국주의 국가로서 선발 제국주의 국가인 영국, 미국, 프랑스 등과 경쟁하기 위해서는 필연적으로 국가주의적 철학을 이용하게 된다.

독일의 국가주의 철학을 수용한 일본 군국주의와
비주류 후쿠자와 유키치

둘째, 후쿠자와 유키치가 영국, 미국 중심의 자유민주주의 근대국가 문명이 중요시하는 견제와 균형의 원리, 법치주의, 언론의 자유 등을 강조한 반면에 이노추에 테츠지로는 독일, 일본 등 후발 근대국가, 제국주의 국가들이 주로 필요로 하였던 국가주의와 천황에 대한 절대적 충성 등을 강조하는 철학 사상적 주장을 펼치게 된다.

셋째, 후쿠자와 유키치는 일본이 자유민주주의 근대국가 문명으로 전환하기 위해서는 민간의 역할이 중요하다고 생각해서 게이오대학을 설립하여 교육구국운동을 펼쳤던 반면에 이노우에 테츠지로는 동경대학교수, 제국 학사원(帝國學士院) 철학회 회장 등의 경력을 거치면서 일본 국가의 이데올로그로서의 역할을 충실히 하였다는 분명한 차별성을 보여준다.

그런데 주지하다시피 일본은 1894년 청일전쟁을 전후로 하여 선발 제국주의 국가들과 본격적 경쟁을 추진하면서 사회 전체적으로 국가주의가 강력한 힘을 발휘하게 된다. 이에 따라 1868년 명치유신 이래로 일본의 자유민주주의 근대국가 문명으로의 전환 과정에서 사상적 지도자 역할을 하였던 후쿠자와 유키치는 서서히 비주류화되었고, 반면에 국가주의 철학 정립에 앞장섰던 이노우에 테츠지로와 같은 관변 이데올로기들이 일본 학계와 사회의 중심 세력으로 등장하게 된다.

이노우에 테츠지로가 일본의 학계와 사회에서 중심 세력으로 등장할 때 역사학계에서는 시라토리 쿠라키치(白鳥庫吉 1865~1942)가 중요한 역할을 하게 된다. 그는 몽골, 만주, 서역 등 아시아 전역에 대하여 연구하여 이후 '대동아 공영권'이라는 일본 제국주의의 대아시아 제국주의 구상을 뒷받침하는 역할을 하게 된다. 또한 1901년 결성된 흑룡회는 대아시아 주의를 내세우고 일본 제국주의의 정치적 목표를 실현하기 위한 민간 사회운동 단체로서 역할을 하였다. 이 흑룡회는 1905년 한일 을사늑

약 체결 과정에서 친일파 송병준과 이용구를 통해 일진회의 친일 활동을 지원하는 역할을 하기도 했으며 중국의 손문을 지원하는 활동도 했다고 한다. 이처럼 1900년을 전후로 하여 일본이 본격적으로 군국주의화, 제국주의화를 치달으면서 국가주의적 철학에 휩쓸고 있는 과정에서 일본의 독립된 개인의 자유를 기초로 한 진정한 자유민주주의 근대국가 문명을 꿈꾸었던 후쿠자와 유키치는 1901년 생을 마감하게 된다.

신해혁명 실패와 국민당 정부 혼란 속의 손문

한편 중국의 손문은 중국의 근대국가로의 전환을 위한 첫 번째 혁명이었던 1911년 신해혁명에서 역량의 한계로 실패를 경험한 이후 새로운 모색을 하게 되었다. 1912년 3월 손문을 대신하여 대총통으로 취임한 원세개는 공화제를 근간으로 하는 헌법제도를 무력화 시키고 선거에서 승리한 국민당을 해산하는 등 손문과의 약속을 파기했던 것이다. 손문은 이러한 원세개를 무너뜨리기 위해 1914년 중화혁명당을 조직했다. 그런데 원세개는 1914년 새로운 왕조를 선포하고 자신이 황제가 되려 하였으나 군벌들이 반대하면서 1916년 황제를 포기하게 되고 이후 병사로 죽게 된다. 원세개 사후 중국은 중앙권력이 부재하다시피 한 상황에서 군벌들의 세력 다툼이 전개되는 등 혼란이 지속된다. 이러한 상황에서 손문은 광동에서 남부의 군벌과 연합해 국민당 정부를 수립했다. 같은 시기에 베이징에 있던 중국의 허울만 남은 중앙 정부는 북부 지방의 군벌 연합이 장악하고 있었다. 더욱이 손문은 1922년 남부의 군벌로부터 광저우에서 쫓겨나게 된다.

이 같은 지속되는 중국의 혼란은 1917년 러시아 혁명을 계기로 수립된 소련정부와 연관된 마르크스 레닌주의 사상을 확산시키게 만든다. 결국 1921년 중국공산당이 결성되었고, 이후 소련은 중국공산당을 후원하게 된다. 소련은 소련의 영향력을 확대하고 사회주의 사상을 확산시키기 위한 목적으로 상하이에 있던 손문의 국민당과도 제휴하였다. 당시 손문은 서양열강의 협력을 시도하였으나 실패한 상황에서 소련의 지원을 받아들이게 된다.

소련과 제휴하는 손문과 1차 국공합작

1923년 소련과 손문은 협상을 통해 상호 우호 협력 협정을 맺고 소련은 국민당의 광동 복귀와 군대의 양성 지원을 하는 대가로 공산주의자들의 국민당 입당을 허락하게 만든다. 이것이 소위 1차 국공합작이다. 손문과 국민당은 중국을 재통일하고 근대국가를 건설하기 위한 군대 양성 목적의 군사학교를 소련의 도움을 얻어 1924년 광저우 인근에 군사 학교를 세우게 된다. 이 군관 학교의 교장을 모스크바에서 군사 교육을 받고 돌아온 37살 장개석이 맡게 된다. 이처럼 손문은 국민당을 새롭게 정비하고 군대 양성을 목표로 한 군사학교까지 소련의 지원을 받아 세운 상태에서 간암으로 1925년 60살의 나이에 중국 근대 통일국가 수립이라는 꿈을 남겨둔 채 사망하게 된다.

그런데 손문이 국민당을 정비하고 군사학교를 세우는 과정에서 최대의 후원을 하면서 소위 1차 국공합작을 실현하게 한 소련은 본격적으로 중국 정치에 개입하게 되고 이 과정에서 핵심적 역할을 중국공산당이 하게 된다. 1924년 제1차 국공합작(國共合作)이 실현되어 1926년 중국공산당은 국민당(國民黨)과 공동으로 북벌(北伐)을 하였다. 그러나 손문 사망 이후 군벌 세력을 타도하기 위한 국공합작의 명분은 약화되었고, 1925년 손문 사망 이후 실권을 장악한 장개석(蔣介石)이 반공(反共)을 내세워 1927년 공산당 세력을 타격하는 군사행동을 일으키면서 1차 국공합작은 끝나게 된다.

국민당 장개석과 공산당 모택동의 경쟁

1927~1934년 기간에 장개석 주도의 국민당의 공격으로 심각한 타격을 입은 중국공산당은 커다란 위기에 처하게 되는데 이 과정에서 모택동이 중국공산당의 실질적 지도자로 등장하게 된다. 모택동은 1934년 국

민당 장개석 군대의 공격을 피하는 대장정(大長征)을 주도하고 1935년 준의(遵義)의 당 회의(정치국 확대회의)를 통해 모택동(毛澤東) 노선을 관철시킨다. 모택동은 1935년 8월 항일민족통일전선(抗日民族統一戰線)을 명분으로 한 2차 국공합작에 성공하고 이를 기반으로 항일전쟁 승리와 사회주의 혁명의 기초를 구축하게 된다. 이후 세계 2차 대전에는 일본이 패망한 뒤 1946년 시작된 국공 내전(國共內戰)에서 승리하여 1949년 중화인민공화국을 수립하게 된다.

결국 중국은 1911년 신해혁명을 주도하면서 근대 문명국가로 전환을 이끌려고 했던 손문의 시도는 좌절되고 손문 사후 중국 혁명의 주도권을 쥔 중국공산당의 모택동을 중심으로 한 세력이 1949년 사회주의 근대국가를 수립하게 된다.

손문과 모택동의 차이를 살펴보면, 먼저 손문이 홍콩, 마카오와 인접한 지역에서 성장하고 일본, 미국을 다니면서 서양 자유민주주의 근대국가 문명에 대해 배우고 이를 중심으로 한 근대국가 혁명을 시도했다면, 모택동은 20세기 초 새로운 근대국가 혁명모델로 등장한 1917년 러시아 혁명을 모델로 하고 소련의 지원을 받아 좌파적 근대화 즉 사회주의 혁명을 통한 근대국가 문명으로의 전환을 추진했다는 차이가 있다.

손문 노선의 실패와 중국공산당 모택동 노선의 승리

다음으로 손문이 19세기 말 20세기 초반 봉건 청나라 왕조의 무능과 부패가 막장을 치닫고 청일전쟁에서 일본에 패망한 충격의 영향을 받아 근대적 부국강병을 목표로 한 민족, 민권, 민생 소위 삼민주의를 내걸었으나 그 이념적 한계를 드러냈다. 또한 당시 국제정세에 대한 인식에서도 한계가 분명하였다. 반면에 모택동은 1917년 러시아 혁명을 계기로 새로운 좌파적 근대국가 전략을 적극 수용하였고 나아가 중국적 현실에 기초한 민족 통일전선 이론, 농민 중시 전략 등을 구체적으로 발전시켜 사회주의 혁명을 현실 속에서 성공시키게 된다.

중국 근대사의 역사적 흐름에서 평가해 보면 손문이 중국 근대국가 혁명 운동의 출발점이었던 신해혁명의 지도자로서 역할을 한 이후 분명한 비전을 제시하지 못한 상태에서 소련과 제휴하고 국공합작을 실현한 것은 이후 모택동 중심의 중국공산당이 좌파 사회주의 근대국가를 수립하는 대문을 열어주는 역할을 하였다고 할 수 있다.

PART 3

3·1운동지도자들의 중도회통 사상

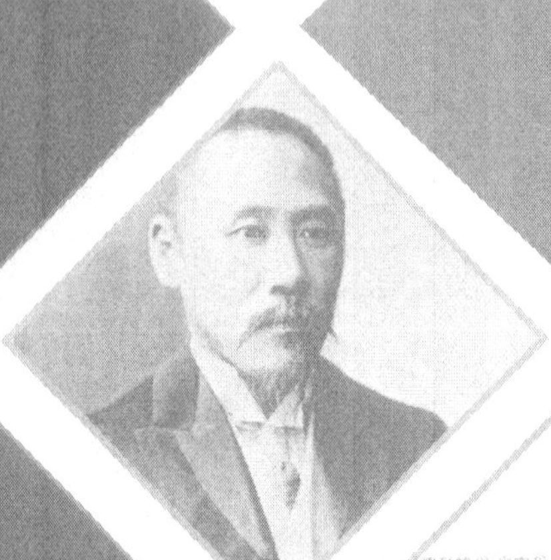

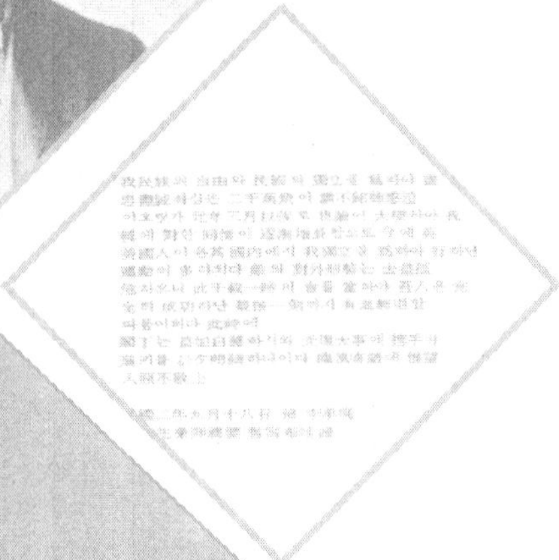

한국의 근대국가 혁명 운동과 동학의 역할

19세기 후반에서야 시작된 한국의 근대국가로의 전환을 위한 노력은 17세기부터 시작된 세계사적 차원의 근대국가 문명으로의 전환을 위한 사상적, 실천적 모색과 밀접하게 관련되어 있다.

1688년 영국의 명예혁명과 1776년 미국의 독립혁명은 세계사적 차원에서 근대국가 문명으로의 전환의 서막을 여는 역사적 사건들이었다. 이러한 두 개의 역사적 사건을 계기로 하여 탄생한 자유민주주의 근대국가 문명의 아버지가 존 로크라면, 어머니는 애덤 스미스라고 할 수 있다. 존 로크는 자유민주주의 근대국가 문명의 뿌리라 할 수 있는 1688년 영국 명예혁명의 사상가이자 이론가 역할을 했다고 평가된다.

존 로크는 근대국가 문명의 뼈대가 된 의회 민주주의, 법치주의, 입법부와 행정권력 간의 견제와 균형의 원리 등을 만들었다. 그는 저서 『정부론』에서 '아무도 다른 사람의 자유, 생명, 재산을 해칠 수 없다'고 선언하여 자유민주 근대국가 정신의 원천인 자유권, 생명권, 재산권의 원칙을 세웠다. 특히 명예혁명에서는 영국 명예혁명의 중요한 동력 역할을 하였던 청교도의 종교적 자유권을 공식적으로 인정하게 된다. 또한 근대 자본주의 국가 물질문명 발전의 원동력 역할을 하게 되는 재산권의 원칙도 세웠다. 나아가 로크는 정부가 국민의 자유권, 생명권, 재산권을 지켜주지 못하는 등 제 역할을 못할 때 국민들은 저항권을 가질 수 있다고 주장하여 자유민주주의 근대국가 문명에 관한 이론적 기본뼈대를 만들었다.

존 로크, 애덤 스미스와 동양 사상의 핵심 중도 사상

그리고 존 로크가 근대국가 문명의 뼈대를 만들었다면, 애덤 스미스는 시장경제를 중심으로 한 근대국가 문명의 피와 살을 만들어 근대국가라는 생명체를 완성시켰다고 할 수 있다. 애덤 스미스는 『국부론』에서 '우리는 상공인들의 자애심이나 인도주의가 아니라 그들의 자기애와 자신들의 이익을 추구하는 이기심에 의해서 좋은 저녁을 기대할 수 있게 된다'고 주장한 바 있다. 나아가 애덤 스미스는 '시장경제는 공공 선을 위해 거래하는 척하는 사람들에 의해서가 아니라 자신들의 이익을 효과적으로 추구하는 사람들에 의해 이끌어지는 보이지 않는 손(Invisible hand)에 의해 작동된다'고 갈파하였다. 그런데 애덤 스미스의 위대성은 자본주의 시장경제의 근본원리인 보이지 않는 손에 관한 이론을 밝힌 것에만 있지 않다. 애덤 스미스는『국부론』의 철학 사상적 기초가 되었고 스스로 자신의 대표 저작으로 꼽은『도덕감정론』에서 인간의 이중적 요소에 대한 분석을 어느 철학자 보다 탁월하게 하였다.

애덤 스미스는 인간은 이기적 존재이자 동감 능력을 가지고 있으며, 연약한 사람은 이기적 요소가 주로 작용하는 반면에 현명한 사람은 동감 능력 또는 마음속 공정한 관찰자 요소가 주로 작용한다고 밝혔다. 나아가 연약한 사람은 주로 이익을 추구하는데, 이는 자본주의 시장경제를 발전시켜 인류의 물질문명을 발전시킬 것이라는 것과 현명한 사람은 주로 덕을 추구하게 됨을 밝혔다. 인간과 세계에 대한 깊은 통찰력에 기초한 철학 사상이라 할 수 있을 것이다. 그의 이러한 인간의 두 가지 요소에 대한 균형된 이해는 동양 사상의 핵심인 중도(中道) 사상 즉 진공묘유적인 통찰력과 동일한 맥락에서 이해될 수 있는 내용이다.

자유민주주의 근대국가 문명은 존 로크와 애덤 스미스라는 두 명의 뛰어난 사상가에 의해 설계되었고 발전되었다고 할 수 있다. 그리고 그 첫 무대는 영국이었으며 1688년 명예혁명에 의해 첫 모습을 드러내었다. 자유민주주의 근대국가 문명이 형성되는 과정에서는 15세기 16세기부터 진행된 르네상스 운동, 종교개혁 및 청교도혁명, 1602년 최초의 주식회사인 네덜란드 동인도회사 등의 역할도 컸다고 할 수 있다. 자유민주주의 근대국가 문명은 결국 1776년 미국의 독립혁명을 통한 미국의 건국을 통해 그 화려한 꽃을 본격적으로 피우기 시작하게 된다.

자유민주주의 근대국가 문명이 얼마만큼 인류의 발전에 기여했는가는 인류의 평균 소득이 BC 1000년 전 21세기 가격 기준으로 약 150달러, 1750년 산업혁명 직전 약 180달러로 거의 3000년 동안 변화가 크지 않았는데, 2000년 기준 약 6600달러로 크게 성장한 것으로 확인된다. 이러한 인류의 물질문명의 발전은 자유민주주의 근대국가 문명과 떼어놓고서는 설명할 수 없다. 자유민주주의 근대국가 문명이 인류 문명에 기여한 폭과 깊이를 고려하면, 자유민주주의 근대국가 문명을 설계한 존 로크와 애덤 스미스는 인류 역사에서 성인으로 꼽는 석가모니, 노자, 공자, 예수, 플라톤 등에 비교할 만한 준 성인들이라고 평가할 수 있을 것이다. 그리고 두 사람의 철학 사상은 인간과 세계와 우주에 대한 깊은 통찰 즉 중도 사상을 구체적으로 실현한 것이었다고 할 수 있다.

급진주의 근대국가 혁명 모델과 프랑스 혁명, 러시아 혁명, 아시아 사회주의

그런데 이 과정에서 인류는 근대국가의 또 다른 모델을 실험하게 된다. 자유 또는 평등의 이념을 보다 급진적으로 추진하는 국가 모델이라 할 수 있는데 그 첫 번째 모델이 프랑스 혁명이었다고 할 수 있다.

1789년 시작된 프랑스 혁명은 자유, 평등, 박애를 내세우고 급진적 사회개혁을 추진하고자 하였다. 장자크 루소는 프랑스 혁명에 사상적으로 가장 큰 영향을 끼쳤다고 평가된다. 그는 『사회계약론』에서 '우리가 지구상의 모든 과실들이 모두에게 속해 있고, 이 땅은 누구의 것도 아니라는 사실을 잊어버리면 모든 것을 잃어버리게 될 것이다' '인간은 자유롭게 태어났는데 모든 곳에서 쇠사슬에 묶여 있다'라고 하면서 급진적인 자유와 평등의 실현을 주장하였다. 이러한 그의 사상은 프랑스 혁명에 지대한 영향을 주게 되며 유럽을 중심으로 한, 세계의 많은 지식인들에게 급진적 근대국가 모델을 추구하게 만든다.

프랑스 혁명은 로베스 피에르가 이끌면서 급진적 개혁을 주도했던 자코뱅당이 좌파, 상대적으로 온건한 개혁을 추진했던 지롱드당이 우파로 규정되었는데, 이는 향후 근대국가 모델을 만드는 과정에서 좌파적길과 우파적 길을 나누는 시초적 작용을 하게 된다. 그런데 세계사 속에서 우파적 길은 로크, 애덤 스미스가 설계하였고, 토마스 제퍼슨, 에드먼드 버크가 실천적 이론으로 발전시켰던 영미 중심의 자유민주주의 근대국가 모델이었다고 할 수 있다. 토마스 제퍼슨은 미국독립선언서 작성과 건국 헌법을 만드는 과정에서 중요한 역할을 하였고, 에드먼드 버크는 『프랑스 혁명 성찰』을 통해 자유민주주의 근대국가 문명의 정치사상적 발전에 크게 기여하였다.

반면에 세계사 속에서 좌파적 길은 장자크 루소가 지대한 영향을 끼쳤던 프랑스 혁명이 역사적으로 첫 번째 급진주의 근대국가 모델로 평가되고 두 번째 급진주의 모델이 마르크스가 창시하고 레닌이 실천적 이론으로 발전시킨 사회주의 근대국가 모델이라 할 수 있다. 마르크스는 1848년 『공산당 선언』을 통해 사회주의 혁명 이론을 정식화시켰다. 1990년대 초 소련, 동구 사회주의권이 붕괴된 이후에는 중국, 베트남, 북한 등을 중심으로 한, 아시아 사회주의 국가 모델이 근대 이후 세 번째 급진주의 모델이라 할 수 있다.

우파적 근대화의 길과 좌파적 근대화의 길

마르크스가 창시하고 레닌이 실천적 이론으로 발전시킨 사회주의 근대국가 모델은 1917년 러시아 혁명을 시작으로 인류 역사 무대에 첫 등장을 하였고 세계 2차 대전 이후에는 동유럽을 포함하여 아시아, 아프리카, 라틴아메리카에 급속히 확대되면서 존 로크, 애덤 스미스가 설계한 자유민주주의 근대국가 모델과 정면으로 경쟁, 충돌하게 된다. 이를 미국과 소련 간의 구 냉전시대라고 칭한다.

이러한 세계사적 차원에서 진행된 근대국가 문명으로의 전환을 위한 역사적 과정은 크게 두 가지 길, 즉 우파적 근대화와 좌파적 근대화로 나뉘어 진행되고, 상호경쟁, 투쟁하면서 변화, 발전해 왔다고 할 수 있다. 한국을 포함한 동아시아의 근대국가 문명으로의 전환을 위한 사상적, 실천적 모색 과정도 이 같은 세계사적 흐름을 반영하면서 진행되어 왔다.

가톨릭 예수회 마테오 리치를 통한 한국, 중국의 서양문명 수용

동아시아의 근대국가 문명으로의 전환 과정에서 한국과 중국에 가장 큰 영향을 끼친 인물은 가톨릭의 예수회 신부 이탈리아인 마테오 리치(1552~1610)였다. 가톨릭의 예수회는 16세기 유럽의 종교개혁운동 과정에서 루터와 칼뱅 주도의 프로테스탄트들이 확산되면서 가톨릭이 교세가 갈수록 약화되는 위기를 극복하기 위해 등장한 조직이다. 이에 따라 예수회는 가톨릭(구교)의 반성과 혁신을 주장하였고 가난하고 겸손하신 그리스도와의 인격적 만남과 헌신을 중시하면서 이웃의 구원을 중요시

하였다. 그 결과 국외 선교와 교육, 문화 사업 등을 활발히 하였으며 동아시아에서 활동했던 대표적 인물이 마테오 리치였다. 마테오 리치 등 예수회 신부들은 마테오 리치가 저술한 『천주실의』(1603) 등을 통해 천주교를 선교함과 동시에 근대국가 문명을 선도하던 서양의 문물을 아시아로 전파, 확산시키는 역할을 하였다.

특히 17~19세기 전반에 중국과 한국에 지대한 영향을 끼쳤다고 평가된다. 한국에서는 이익, 박지원, 정약용 등을 통해 18세기 19세기에 적극적으로 수용되었으며 소위 실학으로 칭해지는 학문으로 발전되어 19세기 한국이 근대국가 문명으로 전환을 추진하는 초기 과정에서 일정한 역할을 하게 된다. 그러나 1840년 아편전쟁을 시발로 하여 본격적으로 서세동점의 시대를 주도했던 영국, 미국 등의 역할과 함께 예수회 신부들이 중심적 역할을 했던 서양 근대국가 문명의 전파자 역할은 점차 교체되었다고 할 수 있다.

서세동점의 시대와 최제우의 동학 창시

이 과정에서 한국에서는 최제우(1824~1864)가 동학을 창시하게 된다. 1861년 포교를 시작한 동학은 유교, 불교, 도교를 통합하는 한국적 철학 사상의 총화였다. 그리고 서세동점의 배경이 되었던 서학을 극복하고 해동의 새로운 학문, 즉 동학을 세워 보국안민의 기초가 되는 종교를 추구하였다. 조선 후기 조선왕조의 무능과 부패가 누적되었고 조선 왕조를 이끌던 주자 성리학은 무능한 봉건왕조의 통치 이데올로기로 전락하였다. 또한 주자 성리학을 극복하고 서양문명을 수용하면서 개혁을 추진하고자 했던 실학도 한계가 드러났다. 나아가 서학도 민중들의 희망이 되기에는 여러 가지 한계가 보이는 상황에서 새로운 종교 동학의 탄생은 조선의 민중들에게 강력한 횃불과 같은 역할을 하였다.

이에 따라 동학은 급속도로 확산되었고 한국의 근대국가 혁명 운동 과정에서 핵심적 역할을 하게 된다. 한국 근대사와 현대사를 8·15해방 시기를 기준으로 나눈다면 한국 근대사 즉 8·15해방 이전의 근대국가 혁명 운동에서 가장 큰 역사적 사건은 1894년 동학 농민혁명 운동과 1919년 3·1독립만세운동이었다. 그리고 이 동학 농민혁명 운동과 3·1독립만세운동 과정에서 중심적 역할을 한 것은 위에서 살펴본 바와 같이 동학이었다.

1884년 김옥균 등 개화파가 주도한 갑신정변으로부터 시작된 한국의 근대국가 혁명 운동은 1894년 동학 농민혁명 운동으로 폭발하게 된다. 동학의 2대 교주 최시형, 농민군 남접의 지도자 전봉준, 북접의 지도자 손병희 등이 주도한 동학 농민혁명 운동은 수십만 명의 부상자와 수만 명의 희생자를 내면서 반외세 반봉건 보국안민을 내세운 깃발 아래 치열한 투쟁을 전개하였다. 비록 동학 농민혁명 운동은 '우금치 학살' 사건을 거치면서 처참하게 패배했지만 그들이 주장했던 반봉건 개혁의 요구는 갑오개혁 등을 통해 부분적이나마 실현되었고, 나아가 동학 농민혁명을 계기로 발발한 청일전쟁과 결합되어 근대 동아시아 질서의 근본적 전환을 가져오는 역사적 계기가 되었다.

동학 농민혁명 운동과 3·1독립만세운동의 중심 동학

동학 농민혁명 운동의 처절한 투쟁과 희생에도 불구하고 무능하고 부패한 조선은 후발 제국주의 국가로 등장한 일본에 의해 결국 1910년 식민지로 전락하게 된다. 이후 한국인들의 식민지 상황을 극복하기 위한 다양한 노력이 전개되었는데, 그 전체적인 총화로서 커다란 불꽃을 만들어낸 것이 3·1독립만세운동이었다. 3·1독립만세운동은 그 출발과 전개 과정에서 핵심이자 중심 세력으로 역할을 했던 것이 천도교로 개칭한 동학교도들이었다. 3·1독립만세운동은 한국의 근대국가 혁명 운동 과정에서 가장 많은 다수가 참여한 운동이었다. 무려 수백만 명이 참여하였고 수만 명이 부상을 당하였으며 수천 명이 희생을 당하는 한국 역사상 최대 규모의 근대국가 혁명 운동이었다. 3·1독립만세운동은 식민지로부터의 해방을 요구하는 독립운동이자 동학의 3대 교주 손병희 등의 재판 진술에서 확인되듯이 민주공화제를 목표로 한 근대국가 문명으로의 전환을 위한 혁명 운동이었던 것이다.

이처럼 동학은 한국 근대국가 혁명 운동 과정에서 동학 농민혁명 운동과 3·1독립만세운동 등에서 확인되듯이 가장 중심적 역할을 수행하였다. 그러나 동학의 3대 교주 손병희 1922년 사망 이후에는 한국의 근대국가 문명으로의 전환 과정에서 점차 약화되게 된다. 한국의 근대사에서 동학은 크게 종교적 차원과 사회적 개혁 운동의 차원이라는 두 가지 범주에서 중요한 역할을 하였다고 평가된다.

박중빈, 강증산과 새로운 종교개혁 운동

그런데 우선 종교적 차원에서는 19세기 말 20세기 초반 과정을 거치는 구한말 상황에서 새로운 종교지도자로 등장한 박중빈, 강증산 등이 동학과 유사한 주장을 하면서 종교적 역할을 점차 확대시켜 나가게 된다. 박중빈(1891~1943)은 1916년 26세에 큰 깨달음을 얻고 고향인 전남 영광지역을 출발점으로 포교활동을 시작하였다. '물질이 개벽되니 정신을 개벽하자'는 기치를 내걸고, 물질문명에 끌려가는 인류의 정신 구원을 위한 종교운동임을 표방하였다. 1918년에 자신이 만든 조합을 중심으로 간척 사업을 성공시켜 교단의 경제적 기초를 만들었으며 육체적 정신적 공동 수행을 강조하였고 1924년부터 '불법연구회'라는 명칭으로 포교활동을 벌였다. 1937년 큰 깨달음의 진리를 일원상(一圓相)으로 상징하게 하고 일원종지(一圓宗旨)를 발표하였다. 8·15해방 이후 원불교로 개칭되었다.

강증산(1871~1909)은 전라북도 고부 출신으로 동학 농민혁명 운동 이후의 사회적 혼란과 참상을 보고 인간과 세상을 구원할 새로운 종교를 세울 결심을 하였다고 하며 유교, 불교, 도교를 통합하는 공부를 하고 김일부로부터 정역(正易)을 배웠다고 한다. 1901년 큰 깨달음을 얻고 자신의 종교를 '만고(萬古)에 없는 무극대도(無極大道)'라고 주장하였다. 그의 사후 그의 주장을 계승하였다고 주장하는 사람들이 보천교, 증산도우회, 대순진리회 등으로 이어졌다.

동학사상에 기초한 사회개혁 운동과 최동오, 김지하

한편 동학이 한국 근대사 과정에서 사회개혁 운동 차원으로 하였던 역할 역시 3·1독립만세운동의 주도로 인해 타격을 받은 것과 3대 교주 손병희의 사망 이후 후계 세대가 등장하지 못하면서 점차 약화되었다. 이러한 동학의 사회개혁 운동적 역할의 약화라는 흐름 속에서 나름대로 명맥을 이어 활동한 인물이 최동오(1892~1963)였다. 그는 천도교인으로서 평안북도 의주에서 3·1독립만세운동을 주도하였고 이후 상해 임시정부 및 만주에서 활동한 독립운동가이다. 1929년 정의부, 신민부(新民府),

참의부(參議府)가 국민부(國民府)로 통합된 국민부 외교위원장, 조선혁명당(朝鮮革命黨)의 국제부장 등으로 활동하였으며 1935년 김원봉(金元鳳)·김규식 등과 함께 민족혁명당(民族革命黨)을 창당하였다. 그가 길림성에서 만든 학교인 화성의숙에서 김일성이 공부하기도 했다. 8·15해방 이후 김구, 김규식과 함께 남북통일정부 협상에 참여하였으며 한국전쟁 때 납북되었다. 그의 아들 최덕신(1914~1989)은 광복군 출신으로 육군 중장, 외교부 장관을 지내고 1967년 천도교 교령까지 지냈는데, 1986년 월북해 북한의 천도교 청우당 중앙위원장으로 활동하는 등 남북분단 시대에 독특한 정치역정을 보여주기도 하였다.

한국에서는 70~80년대 민주화운동의 주요 인물이었던 김지하 시인이 동학사상과 유사한 맥락에서 이해될 수 있는 생명사상을 주장하는 활동을 해왔다. 그는 동학사상에 대한 연구에 기초하여 현대적인 사회개혁 운동의 필요성을 제기하였고, 이를 생명사상으로 제시하였다.

3·1운동시기의 동학과 기독교의 중도회통 사상
- 손병희와 이승훈

    한국의 근대국가 문명으로의 전환 과정에서 서양의 근대문명을 수용하는데 초기 과정에서 가장 중요한 역할을 한 것은 가톨릭이었다. 한국에 가톨릭을 전파하는데 중요한 역할을 한 인물은 이승훈(1756~1801) 신부였다. 그는 조선 최초의 천주교 영세(領洗) 교인으로 순교하였다. 1783년 베이징을 방문하여 천주교 교리를 배우고 영세를 받고 조선 교회의 주춧돌이라는 의미로 베드로(Peter: 盤石, 반석) 교명을 받았다. 1785년 김범우(金範禹)의 집에 최초의 조선 교회를 세우고 이벽과 정약용 형제 등과 함께 미사와 설법을 시작했다. 1791년 천주교에 대한 조선왕조의 탄압이었던 신해사옥(辛亥邪獄) 때 관직을 박탈당하였고, 1801년 신유대사옥(辛酉大邪獄) 때 처형되었다. 이후 천주교는 정약용 형제 등에 의해 서양의 근대국가 문명을 조선에 전파하는 중요한 통로 역할을 하였다.

서양문명의 주요 전파자 가톨릭에서 기독교로 전환

그러나 1840년 아편전쟁을 전후하여 한국과 중국 등에서 서양 근대 국가 문명을 전파하던 가톨릭이 퇴조하고 영국, 미국 등 19세기 주요 제국주의 국가들의 주류였던 기독교가 서양의 근대국가 문명을 전파하는 주요 통로로 바뀌어 가게 된다. 한국에서는 1884년 미국 북장로회 선교사 알렌(H. N. Allen)이 의료선교와 함께 전도를 시작하였고, 1885년에는 미국 북장로회의 언더우드(H. G. Underwood)와 미국 북감리 회의 아펜젤러(H. G. Appenzeller) 선교사가 한국에 들어와 선교를 본격화하였다.

한국의 근대국가 문명으로의 전환을 위한 첫 번째 시도였던 1884년 갑신정변이 일어났던 거의 비슷한 시기에 비로소 서양 근대국가 문명을 선도, 주도하였던 프로테스탄트 즉 기독교가 한국에 전파되기 시작했던 것이다. 이후 꾸준하게 성장한 기독교는 한국 근대국가 혁명 운동 역사상 최대 규모의 시위였던 1919년 3·1독립만세운동에 중요한 세력으로 참여하게 된다.

기독교 측의 3·1 독립만세 운동의 참여는 1919년 1월 천도교도들이 이승훈(李昇薰 1864~1930)을 만나면서부터 본격화되었다. 기독교 내에서 항일의식과 독립운동 참여를 촉진시킨 것은 기독교에서 세운 숭실, 숭덕, 숭의, 숭현 등 각급 학교와 평안북도 선천(宣川) 등의 교회가 중심

역할을 하였다. 이승훈은 2월 5일 천도교의 독립만세 운동 취지에 동참하기로 결심하였으며, 2월 12일 상경하여 참가를 결정하였다. 이후 그는 기독교 대표로서 동지 규합을 확대했으며 서울, 경기 지방에서는 대한감리파 지도자가 중심이 되어 남녀 학생과 기독교인들을 결집시켜 나갔다. 그리고 윤치호(尹致昊) 등은 1919년 1월 연희전문학교 학생인 김원벽(金元璧), 강기덕(康基德) 등과 함께 독립만세 시위운동을 추진하였고, 서울 예수장로파의 이갑성(李甲成)도 세브란스 의학전문학교 학생들을 결집하여 독립만세 운동을 준비하였다.

이승훈 등 기독교 지도자들과 3·1독립만세운동

이러한 기독교 측의 3·1독립만세운동 과정에서 이승훈은 핵심적 역할을 하였다. 그는 평안북도 정주(定州)에서 시골선비의 아들로 태어나 사업을 하여 재산을 모았다가 1894년 청일전쟁 때 재산을 잃었으나 다시 도매상을 해서 큰 재산을 축적했다고 하며 이후 무역회사를 세워 국제비즈니스를 시도했으나 1904년 러일전쟁 여파로 파산했다고 한다.

1907년 안창호(安昌浩)의 교육진흥론(教育振興論)에 공감하여 상투를 자르고 강명의숙(講明義塾)을 열어 교육사업을 시작하였으며, 이후 신민회(新民會) 발기에 참여하고 재단(財團)을 만들어 오산학교(五山學校)를 세웠다. 1910년 기독교 신자가 되어 오산학교의 교육목표를 기독교 정신에 입각할 것임을 천명하였다. 1911년 105인 사건에 연루되어 4년 2개월 동안 감옥생활을 하였다. 출옥 후 1915년 오산학교 교장에 취임하고 평양신학교에 입학하였으며 이후 기독교의 근대국가 혁명 운동의 중심인물로 등장하게 된다.

이러한 성장과정을 거쳐 1919년 3·1독립만세운동의 기독교 측의 지도자로 나서게 되었다고 할 수 있다. 특히 서북지방을 중심으로 한, 기독교 관련 활동에 대해 책임자로 활동하였다. 결국 기독교를 대표하여 3·1운동 민족대표 33인 중 한 사람으로 참여하였고, 그 후 체포되어 3년형을 선고 받고 복역 중 가출옥하였다. 이후 일본을 견학하고 돌아와서 오산학교를 고등보통학교로 승격시켰고, 1924년 동아일보사 사장에 취임, 물산장려(物産獎勵) 운동과 민립대학(民立大學) 설립을 추진하였다. 1926년 오산학교 이사장에 취임하여 활동 중 사망하였다.

천도교와 기독교 간의 중도회통과 이승훈의 역할

주지하다시피 3·1독립만세운동의 기독교를 대표하는 지도자 역할을 하였던 이승훈은 천도교와 대화하면서 기독교 일부에서 천도교와 연대하는 것을 비판하는 움직임을 극복하고 결국 천도교와 함께 역사적인 3·1독립만세운동을 성공시켰다. 이는 세계적으로도 유례를 찾아보기 힘든 기독교의 타 종교와의 연대를 통한 근대국가 혁명 운동이자 독립운동이었다. 이러한 역사적 배경에는 이승훈의 중도회통 사상 즉 진리의 길이라면 타종교와도 대화하고 회통할 수 있다는 정신의 작용이었다고 보여진다. 이러한 이승훈의 정신은 이승훈이 설립하고 키운 오산학교가 배출한 기독교의 대표적 인재들인 유영모, 함석헌을 통해서 계승되고 발전되었다고 평가된다.

유영모(1890~1981)는 1905년 기독교에 입교하고, 경성일어학당(京城日語學堂)을 거쳐 1907년 경신학교 과정을 마친 뒤 교육활동에 종사하였다. 1910년부터 이승훈이 세운 평안북도 정주(定州)의 오산학교(五山學校) 교사로 있으면서 이승훈(李昇薰)을 기독교에 입교하게 하였다. 기독교에 대한 기본 생각은 톨스토이 영향을 받아 무교회주의적 입장이었다. 1912년 일본에 건너가 동경물리학교에서 수학하였으나 유학 도중 귀국하여 종교철학을 독학으로 연구하였다. 3·1독립만세운동 때는 이승훈이 3·1운동 거사 자금으로 기독교 쪽에서 모금한 돈 6천 원을 유영모에게 맡겼는데, 이를 아버지 가게 금고에 보관했다가 일본 경찰의 압수수색에 문제가 되어 부친이 유치장 구금생활을 하기도 했다고 한다.

1921년 조만식(曺晩植)의 후임으로 오산학교 교장에 부임하였고, 함석헌(咸錫憲) 등에게 많은 영향을 주었다. 그는 선구적인 비교종교학 연구가로서 기독교를 비롯한 동서양의 진리를 끊임없이 연구하여 전파하였다. 『노자』를 번역하였고 도교의 대표 경전인 『천부경』을 독창적으로 해석하여 기독교와 동양 사상 간의 중도회통(中道會通)적 시도를 하였다.

기독교인 유영모, 함석헌 등의 중도회통 사상

함석헌(1901~1989)은 오산학교에서 유영모의 제자이자 후배로 함께 기독교를 기반으로 한, 독립운동, 사회개혁 운동에 앞장 선 인물이다. 그는 1919년 3·1독립만세운동 당시에 평양 고등보통학교 학생으로서 3·1운동에 참여하였고, 이후 1921년 이승훈이 세운 오산학교(五山學校)에 입학, 1923년 졸업하고 일본에 가서 1924년 동경고등사범학교 문과에 입학, 1928년 졸업하였다. 일본 유학 중 일본인 무교회주의자 우치무라(內村鑑三)의 성서연구에서 영향을 받았다. 1928년 귀국 후 오산학교의 교사로 활동하였으며, 1942년「성서 조선」필화 사건으로 1년 동안 서대문경찰서에서 복역하였다. 8·15해방 이후에는 1947년 월남하여 YMCA에서 성서를 강의하였고, 1956년부터「사상계」를 통해 정치적, 사회적 문제를 비판하면서 자신의 사상을 주장하였다. 이승만 자유당 정권과 박정희 군사독재, 80년대 전두환, 노태우 군사독재에 대해 일관되게 비판하였다. 1962년 미 국무성 초청으로 방미하였을 때 퀘이커교(Quaker 敎)와의 관계를 긴밀히 가졌으며 국내에서는 유교, 불교, 도교와의 소통을 통해 한국 종교 사상의 중도회 통과 발전을 추구했다.

연세대 교수를 지낸 신학자 유동식은 이러한 유영모, 함석헌 등의 기독교와 동양 사상, 전통 사상 간의 중도회통적 노력의 영향을 받아 기독교와 전통 도교의 뿌리인 풍류도를 접목하여 새로운 한국적 신학사상의 발전을 도모하였다. 그의 『풍류도와 한국신학』(1992)은 이러한 흐름의 대표적 성과이다. 기독교 신학과 동양 사상과의 중도회통적 노력 중 가장 깊이 있는 철학 사장적 융합을 이루어낸 대표적인 성과는 유영모가 도교를 대표하는 경전인 『천부경』을 기독교 신학 사상적 관점에서 창조적으로 재해석한 것이었다.

『천부경』을 통한 기독교와 한국 전통 도교 간의 중도회통

한반도 최초의 국가인 고조선의 건국 이념인 '홍익인간' 철학을 중심으로 한, 한국 도교의 경전인 천부경에서는 중도회통과 조화에 대해 천이삼지이삼인이삼(天二三地二三人二三)이라는 구절을 통해 표현하고 있다. 그 뜻은 하늘은 땅과 사람과 조화를 이루어 완성되고, 땅은 하늘과 사람과 조화를 이루어 완성되며, 사람은 하늘과 땅과 조화를 이루어 완성된다는 것이다. 신라의 천재 최치원은 유교, 불교, 도교를 통달한 뒤 그 모든 진리가 천부경에 담겨 있음을 깨닫고 천부경을 한자로 정리하여 후대에 천부경의 진리를 확산시켰다.

천부경은 단 81개의 글자를 통해 천지인(天地人)의 원리와 숫자 철학에 기초하여 우주의 원리를 설명하고 있는데, 불경, 도덕경, 주역, 성경 등 인류가 만들어온 모든 경전이 담고 있는 원리의 핵심을 설명하고 있다. 천부경은 일시무시일(一始無始一) 즉 '한 물건이 시작되었으되 시작한 것이 없다'로 시작하여 일종무종일(一終無終一) 즉 '한 물건이 끝났으되 끝난 것이 없다'로 마무리 짓는데, 여기에서 한 물건이란 인간을 포함한 만물(萬物)이라 할 수 있다. 유영모는 여기에서 일을 절대 존재의 근원인 하나님으로 해석하였고 천지인은 절대 존재인 하느님이 상대 세계에서 자신을 삼극화 시켜 드러낸 것이라고 해석하였다.

천부경은 일적십거무궤화삼(一積十鉅無匱化三)이라는 구절을 통해 중도 즉 진공묘유의 원리를 설파하고 있다. 일적십거무궤화삼이란 '만물이 음양의 원리를 통과하면 하늘과 땅과 인간 즉 3자가 강하고 독립된 존재로 바로 서게 된다'는 것이다. 여기에서 십(十)이라는 숫자는 하늘과 땅을 관통하는 의미를 담고 있고 음양(陰陽)의 원리를 통과한다는 뜻을 함축하며 이는 진공묘유를 실현하여 진공(眞空) 즉 모든 껍데기와 편견을 없애고 묘유(妙有) 즉 빼어나게 진실로 존재하는 것을 찾는다는 것을 실현하는 의미이다.

유영모는 여기에서 일적십거를 하나님이 천지창조를 일으켜 음과 양 썰물과 밀물이 조화를 이루는 세계를 만든 것으로 이해하였으며 특히 십(十)이라는 숫자를 하느님의 숫자로 해석하였다. 이러한 하나님의 작용으로 독립된 존재들인 천지인 삼극(三極)이 만들어진 것으로 이해한 것이다.

그리고 천부경은 '오칠일묘연(五七一妙衍)'이라는 구절을 통해 인간을 중심으로 한, 땅과 하늘의 조화 즉 천지인(天地人)의 조화와 실현을 통한 아름다운 세상을 묘사하고 있다. 여기에서 오칠일은 천부경과 결합된 고대인의 숫자 철학을 담은 숫자 마방진(魔方陳; Magic square; 가로세로 대각선 수의 합이 모두 같은 숫자 배열표)과 연관된 것으로 숫자 5는 나(吾)를 의미하고 칠(七)은 숫자 마방진(魔方陳; Magic square) 둘레 7개의 숫자를 말하는 데 땅(地)을 뜻하며 일(一)은 하늘을 뜻한다.

이에 따라 나를 중심으로 하여 땅과 하늘, 즉 '인지천(人地天)이 조화를 이루면 빼어난 아름다움이 넘쳐난다'라는 뜻이 된다. 인간을 중심으로 한 천지인의 조화의 중요성을 말하고 있는 것이다. 유영모는 이 내용을 사람이 하나님의 뜻에 따라 땅에서 노니는 것으로 해석하였다.

나아가 '본심본태양 앙명(本心本太陽昻明)'이라는 구절의 본심을 하느님의 마음 즉 천심(天心)이요, 불성(佛性)이요, 도심(道心)이라고 해석하여 기독교와 불교, 도교 간의 깊은 중도회통을 보여주었다. 그리고 인중천지일(人中天地一) 즉 사람 안에 천지 즉 우주가 하나로 들어있다는 내용을 '하나님 속에 내가 있고 내 안에 아버지가 있다'라고 해석하였는데 이는 동학의 핵심 사상인 인내천(人乃天) 즉 '사람이 곧 하늘이다'라는 철학과 일맥상통함을 보여주고 있다.

이러한 기독교와 동학 간의 중도회통 사상이 실현된 것은 손병희, 이승훈, 유영모 등 동학과 기독교 지도자들의 깊은 사색과 실천의 결과였다고 생각된다.

3·1운동 시기의 동학과 불교의 중도회통 사상
– 손병희와 한용운, 용성

　　3·1독립만세운동은 준비와 진행 과정에서 동학을 계승한 천도교가 중심적 역할을 하면서 기독교와 불교가 연대하여 진행한 것이 가장 중요한 특성 중의 하나라고 할 수 있다. 이는 세계 역사상 그 유례를 찾아보기 힘든 종교적 연대를 통한 근대국가 혁명 운동이자 독립운동이었다. 3·1독립만세운동 과정에서 불교에서 핵심적 역할은 한 인물은 만해 한용운과 용성 스님이었다.

　　만해(卍海) 한용운(1879~1944)은 충청남도 홍성(洪城)에서 출생하였으며 1894년 동학이 주도한 동학 농민혁명 운동에 참여하였다가 실패후 1905년 출가하여 승려가 되었다. 1908년 전국 사찰 대표 52인 중 한 사람으로 원흥사(元興寺)에서 원종종무원(圓宗宗務院)을 설립한 뒤 일본을 방문하여 근대국가 문명을 시찰하였다. 1910년 경술국치로 조국이 식민지가 되자 중국에 가서 독립군 군관학교를 방문, 격려하였고 만주,

시베리아 등지를 유랑하다 1913년 귀국, 불교 학원에서 강의를 하였다. 이후『불교대전(佛敎大典)』을 저술하고 대승불교의 반야사상(般若思想)에 입각한 불교개혁과 현실참여를 주장하였으며 1918년 서울에서 월간지「유심(惟心)」을 발간하였다.

한용운의 반야 사상과 불교와 천도교 간의 중도회통

한용운은 1919년 3·1독립만세운동 때 불교를 대표하여 민족대표 33인의 한 사람으로 참여하였고 이에 따라 3년 형을 선고받고 복역하였다. 1926년 시집『님의 침묵』을 출판하여 독립정신 고취에 앞장섰으며 1927년 신간회(新幹會)에 참여하여 경성 지회장(京城支會長)을 맡았다. 1931년 조선 불교청년회를 조선 불교청년동맹으로 개칭, 강화하였고 월간지「불교(佛敎)」를 통해 불교의 대중화와 독립사상 고취를 위해 노력하였다. 그가 3·1독립만세운동 때 불교를 대표하여 천도교와 연대하게 되었던 사상적 배경에는 그의 동학 농민혁명 운동 참여라는 개인적 경험과 더불어 그의 반야 사상에 입각했던 불교개혁 주장도 함께 작용하였다고 할 수 있다. 왜냐하면 불교의『금강경』은 공(空) 사상을 중심으로 불교 사상을 설파한 것이라면『반야심경(般若心經)』은 중도 사상을 중심으로 불교 사상을 설파한 내용과 연관된다. 반야심경에서 강조하는 중도 즉 진공묘유는 그 어떤 편견이나 껍데기에 연연하지 않고 오직 진리로 존재하는 것을 중심으로 회통하여 인간과 세계를 이해한다는 정신을 담고 있기 때문이다. 이러한 『반야심경』의 중도 사상은 불교와 천도교 나아가 기독교와의 연대에도 열린 마음을 갖게 하였다고 할 수 있다.

용성 스님(龍城 1864~1940)은 전라북도 남원 출신으로 근대 불교 중흥조인 경허 스님의 제자 만공(滿空) 등과 교유하였고, 1907년 중국을 방문하여 중국 불교계를 2년 동안 시찰하였다. 1910년 지리산 칠불암(七佛庵) 선원의 조실(祖室)로 추대되어 많은 수행자들을 지도하였고, 1911년 서울에서 포교활동을 전개하여 1912년 선종교당(禪宗敎堂)을 세워 현대적 포교활동을 추진하였다. 1919년 3·1 독립만세 운동 과정에서 한용운과 함께 불교계를 대표하여 민족대표 33인 중 1인으로 참여하여 3년 형을 선고받고 2년가량 옥고를 치렀다. 이후 삼장역회(三藏譯會)를 만들어 불교 관련 출판 사업을 추진하여 『심조만유론(心造萬有論)』, 『석가사(釋迦史)』 등을 펴냈고 특히 1927년 『화엄경』 80권을 한글로 번역하였다.

그리고 1925년 서울 대각사에 '대각교(大覺敎)'를 창립하여 새로운 불교 운동과 애국계몽 운동을 추진하였으며 이후 만주 용정(龍井)에서 대각 교당(大覺敎堂)을 건립하고 선 사상을 포교하면서 선농일치 운동(禪農一致運動)을 펼쳤다. 이 과정에서 사찰 경제 자립의 중요성을 강조하여 참선 활동과 농사 활동의 병행을 실천하였다.

한용운, 용성의 중도회통 사상과 탄허의 사교회통 사상

역사적인 3·1독립만세운동 과정에서 한용운과 용성 스님은 중도회통의 정신에 따라 천도교와 기독교가 주도하였던 만세운동 지도부에 허심(虛心) 한 자세로 참여하여 3·1독립만세운동에 모든 사람들이 종교를 초월하여 참여하게 함으로서 독립만세 운동을 결정적으로 성공하게 만들었다. 1926년 7월 10일 자 동아일보 기사는 당시 조선 종교인 현황을 소개하면서 천도교인 수를 200만 명, 기독교 35만 명, 불교 20여만 명으로 보도한 바 있다. 이는 1919년 3·1독립만세운동 당시를 기준으로 하더라도 크게 다르다고 할 수 없을 것이다. 이러한 종교인 현황을 고려할 때 3·1독립만세운동 민족대표 33인을 구성함에 있어서 기독교인 16인 천도교인 15인을 내세울 때 불교는 한용운과 용성 두 사람만 나서면서도 특별한 잡음이 없이 함께 연대투쟁을 했던 것은 기본적으로 두 사람의 허심한 자세와 중도회통 사상이 작용하였다고 보인다.

이러한 불교계의 중도회통 사상의 전통을 계승한 대표적 인물은 탄허 스님이었다. 특히 탄허는 이러한 중도회통 사상을 화엄경 철학에 기초하여 유교, 불교, 선교(도교), 기독교를 총망라하는 4교 회통 사상으로 만들어 이론적으로 발전시켰다. 그는 도교의 일부가 기복적이거나 도술 지향적인 문제 등이 있어서 노자, 장자의 사상을 중심으로 한 선 사상을 분리하여 도교로 칭하기보다 선교로 칭하였다.

탄허(1913~1983)는 전라북도 김제군에서 태어나 한학을 배우다 15세에 도(道)에 대한 해답을 얻고자 근대불교의 중흥조 경허 스님의 제자 한암 스님과 서신으로 대화를 나눈 결과 1934년 22세에 오대산 상원사에서 출가하였다. 그의 부친은 보천교의 2인자로 독립운동을 하다 감옥살이까지 하였는데 탄허 스님의 사상 형성에 많은 영향을 준 것으로 보인다. 보천교는 동학과 유사한 내용을 주장하였던 강증산의 사상을 따랐던 종교로 교주 차경석의 부친이 동학 접주 중의 한 명으로 동학 농민혁명 운동에 참여하였다가 처형당한 인물이었다. 이러한 영향을 받은 탄허는 "강증산은 근래 1백 년 이래 가장 뛰어난 이인(異人) 중 한 사람이며 강증산의 유, 불, 선이 합쳐질 것이라는 주장은 옳다"라고 하였다.

원효 스님, 최치원과 중도회통 사상

탄허의 유교, 불교, 선교, 기독교 사교회통 사상을 주제로 한국학중앙연구원에서 박사학위를 받은 문광은 탄허의 사교회통 사상은 역사적으로 볼 때 원효 스님과 도교의 비조로 칭해지는 최치원으로부터 깊은 영향을 받았다고 분석한 바 있다. 원효는 세계를 진여(眞如)의 세계와 생멸(生滅)의 세계로 나누어 이해하면서 나아가 이를 일심(一心)으로 회통(會通)하여 이해해야 비로소 진리를 깨달을 수 있음을 설파하였다. 그리고 이의 실현을 위해 화쟁(和諍)의 원리를 강조하면서 먼저 글이 다른 것을 통하게 하고 뒤에 뜻이 같은 것을 모으는 방식을 실현시켜야 한다고 하였다. 그리고 최치원은 '쌍계사 진감국사 비문'에서 '공자는 그 실마리를 열었고 석가는 그 극치를 다했다'라는 표현에서 확인되듯이 유, 불, 선 삼교에 통달한 인물로 평가되었다.

이러한 원효, 최치원의 정신을 계승한 탄허는 '천하에 두도가 없고, 성인에게 두마음이 없다'는 표현으로 자신의 사교회통 사상의 근본정신을 나타냈다. 이러한 정신을 기초로 하여 선과 화엄경 사상을 중심으로 선교(禪敎)를 회통하고, 동양의 삼교를 자재하게 융회시킨 다음 이를 확장하여 기독교와 서양 사상까지 확충해 나갔던 것이다. 그는 유교의 가장 중요한 개념인 공자의 주장 '극기복례(克己復禮)'에 대해 자기망상을 극복하여 본연의 천리(天理)인 도(道)로 돌아가는 것으로 해석하였다.

그리고 주자(朱子)가 극기(克己)를 강조하면서 무기(無己)를 황당무계한 개념이라고 비판한 것은 잘못된 것이고, 성인들은 학자를 대상으로 할 때는 극기라는 용어를 썼고, 대인을 대상으로 할 때는 무기라는 용어를 썼으며, 수행자를 대상으로 할 때는 무아(無我)를 사용하였던 것이라 그 근본종지는 조금도 다르지 않다고 하였다.

단지 불교와 유교의 차이는 불교가 도를 밝힌 이야기가 대부분이라면 유교는 도 닦는 이야기는 2할이고 세속사가 8할을 차지하는데 있다고 하였다. 도에 있어서 본질적으로는 무아가 되지 않고서는 생명의 본체에 이를 수 없다고 하였다. 그리고 유교철학의 핵심을 담고 있는 '중용'

의 천명(天命)에 대해 주자가 하늘의 명령으로 해석한 것은 적절하지 않고 맹자가 그렇게 함이 없는데도 그렇게 되는 것이 천이요, 이르게 함이 없는데도 이르는 것은 명이라고 해석한 것이 옳다고 주장하였다.

주자 성리학의 병폐와 조선왕조 봉건체제의 부패와 무능

이는 조선후기 병자호란 이후 송시열을 중심으로 한, 유림들이 주자 성리학을 절대화하면서 무능하고 부패한 조선왕조의 통치 이데올로기로 만들었던 배경과도 연관된다. 즉 왕의 명령을 하늘의 명령이라고 연관 지어 해석한 주자의 해석을 송시열 등 조선 후기 성리학자들은 적극적으로 이용하여 자신들 정치권력의 정당성과 조선왕조 통치의 지속성을 만들어 갔던 것이다. 반면에 주자를 비판하면서 등장하였던 왕양명의 주장에 대해서는 옹호하였다. 왕양명의 무선무악(無善無惡)은 시심지체(是心之體)로 선한 것도 악한 것도 없는 것이 마음의 본체요, 유선유악(有善有惡)은 시심지용(是心之用)으로 선도 있고 악한 것도 있는 것은 마음의 용이고, 지선지악(知善知惡)은 시양지(是良知)로 선도 알고 악도 아는 것이 양지(良知)이며, 위선거악(爲善去惡)이 시격물(是格物)이라 선만 하고 악한 것을 벗는 것이 격물이라는 주장이 옳다고 한 것이다. 이러한 탄허의 불교와 유교의 중도회통 사상의 실현은 동양 사상을 한 단계 더 발전시켜 나가는데 중요한 내용이 될 것이다.

그리고 탄허는 도교사상의 핵심을 담고 있는 노자의 도덕경의 1장 '도가도(道可道)면 비상도(非常道)요' 즉 도를 가히 도라고 하면 떳떳한 도가 아니요, '명가명(名可名)이면 비상명(非常名)' 즉 이름을 가히 이름이라 쓸 때는 떳떳한 이름이 아니다. 그래서 '무명(無名)은 천지지시(天地之始)' 즉 이름이 없는 그 자리는 천지의 근원이고 '유명(有名)은 만물지모(萬物之母)' 즉 이름이 있는 그 자리는 만물의 어머니다. 여기서 무명이 천지지시란 무극(無極)의 이치를 말함이고 유명이 만물지모란 태극(太極)의 이치를 말한 것으로 해석하였다. 나아가 노자가 말한 '도생일(道生一)하고 일생이(一生二)하고 이생삼(二生三)하고 삼생만물(三生萬物)이라' 한 것에서 도(道)가 하나가 되었다는 것은 무극(無極)의 자리에서 태극(太極)이 나온 것으로 해석하였다. 또한 무명과 유명, 무극과 태극은 유무의 상대적 관계에서 해석되는 것을 넘어서서 무극은 무의 극치로서 모든 것의 근원으로 도를 말한다고 해석하였다.

이러한 내용은 도교의 경전인 천부경(天符經)의 일시무시일(一始無始一)로 시작하여 천일일지일이인일삼(天一一地一二人一三)으로 연결되어 최종적으로 일종무종일(一終無終一)로 끝나는 철학적 원리와도 일맥상통하고 있음을 확인할 수 있다. 또한 노자가 말한 무극의 도와 관련해서 최제우는 유불도를 통합한 큰 깨달음을 얻은 뒤 무극대도(無極大道)를 얻었다고 말한 바 있는데, 이 역시 동일한 맥락에서 이해할 수 있는 것이다.

장자 백정 포정의 일화는 중도 즉 진공묘유 비유의 진수

또한 탄허는 불교의 핵심 진리인 중도를 장자의 양생주-연독(養生主-緣督) 편의 유명한 비유인 소를 잡는 백정 포정의 일화와 연관 지어 설명하면서 불교와 도교 간 회통의 백미(白眉)를 보여주었다. 양생주의 종지는 중도를 파악하는 것이고 자기의 마음이 중도에 서지 않으면 양생이 되지 않는다는 것이므로 양생주 편의 근본은 중(中)자리를 체득하는 것이다. 그리고 연독에서 독(督)은 중(中)의 뜻이요, 연(緣)은 순(順)의 뜻으로 해석하여 연독의 의미는 중도를 따르는 것으로 해석한 것이다.

이는 기(氣)가 허(虛)를 따라서 행하는 것과 연관된다. 즉 백정 포정이 19년 동안 칼날을 한 번도 갈지 않고 사용하였는데도 포정의 칼이 뼈와 힘줄을 전혀 건드리지 않고 소를 잡을 수 있었던 배경이 바로 기가 허를 따르는 이치로 칼을 사용하였기 때문인 것이다. 여기에서 연독의 독은 생사가 끊어진 자리이자 진공(眞空)의 자리이며 중(中) 자리로 해석하여 불교와 노장 사상의 회통을 통하여 중도의 진리를 이해한 것이다. 이러한 탄허의 중도회통 사상의 실현을 통한 중도의 진리에 대한 이해는 기독교에 대한 중도(中道), 즉 진공묘유적 이해로 발전된다.

기독교의 삼위일체 설과 불교의 삼신불 사상

탄허는 기독교의 핵심 이론인 삼위일체설에 대해 예수님인 성자(聖子)가 성부(聖父)자리, 성신(聖神)자리와 일체가 되었기 때문에 예수님을 만인의 성인이라고 우러르는 것인데, 불교에서는 이와 비슷한 맥락에서 법신(法身) 보신(報身) 화신(化身)의 삼신불을 하나로 보고 기독교와 비교하여 법신이 성부자리, 보신이 성신자리이고 화신이 석가모니불 성자자리로 해석할 수 있다고 하였다. 달과 비유하여 천강(千江)에 비친 그림자 달이 화신이라면 달 광명은 보신이며 하늘에 있는 달이 법신이라고 설명하였다.

단지 기독교에서는 예수님 한 분만 삼위일체가 될 수 있다고 한 반면, 불교에서는 누구나 삼위일체가 될 수 있다. 즉 누구나 수행을 통해 견성(見性)을 하고 성불(成佛)할 수 있다고 이해하는 차이가 있다고 하였다. 그리고 기독교의 하나님을 진리의 대명사로 이해하였고 천국에 대해 천국과 지옥의 분별이 끊어진 대해탈의 세계로 비교하여 이해하면서 불교와 기독교 간의 중도회통적 이해를 시도하였다. 또한 기독교의 성경 중 신약성서 마태복음 5장 산상수훈에 나오는 '마음이 가난한 자가 복이 있나니'라는 구절을 예수의 근본정신을 통찰할 때 '마음을 비우는 자가 복이 있나니'로 해석하는 것이 기독교 사상의 근본취지에 맞을 것이라고 주장하였다.

산상수훈은 성경에 기록된 예수의 말씀 가운데 가장 긴 말씀으로 예수의 모든 가르침의 전반적 대의를 요약한 것이라 할 수 있는데, 예수를 포함하여 모든 성인의 궁극적 가르침은 청정한 자기 마음의 본체를 밝혀서 자기해탈과 이타행을 이루라는 것이며 예수역시 자기 구원은 자신이 스스로 이루어야 함을 역설하였고 이에 기초하여 마음을 비우고 이타행의 중요성을 설파한 것으로 이해한 것이다. 그리고 다른 한편으로 기독교가 신도들에게 맹목적인 믿음을 강요하는 현실적 문제를 비판하면서 하나님이나 예수님을 믿는다 하더라도 주인과 노예와 같은 상하의 관계가 해결된 상황이어야 함은 당연함과 동시에 대등한 관계라고 하더라도 피아가 끊어진 무아와 무심을 기반으로 한 믿음이라야 제대로 된 사상이 될 수 있음을 주장하였다.

프로테스탄트와 자유민주주의 근대국가 문명

탄허의 이러한 기독교에 대한 견해는 한국 기독교의 현실과 관련해서는 적절한 비판이라 할 수 있는데, 역사적으로 보면 1688년 영국의 명예혁명, 1776년 미국의 독립혁명을 선도하고 주도하였던 프로테스탄트들의 정신과는 일맥상통한다고 할 수 있다. 프로테스탄트들은 16세기부터 중세의 봉건왕조체제와 교황체제를 비판하면서 등장하여 중세시대의 교황, 교회, 신부 그 어떤 형식적 기득권에 대해서도 저항하고, 부정하면서 신과의 직접대화를 통한 자신의 존재에 대한 깨달음과 이러한 과정을 거친 주체적인 종교적 신념에 기초하여 새로운 근대국가 문명을 열었던 것이다.

이처럼 프로테스탄트들이 선도하고 주도하였던 자유민주주의 근대국가 문명은 19세기 서세동점의 시대적 물결과 함께 19세기 후반부터 한반도에 들어와서 몰락해가는 조선왕조 봉건체제와 일본제국주의에 의해 식민지로 전락하는 조선의 현실과 함께 해오다 1919년 3·1독립만세운동을 계기로 천도교, 불교와 연대하여 역사적인 새로운 근대국가 혁명 운동의 주체 세력으로 나서게 되었던 것이다. 그리고 8·15 해방 이후에는 3·1독립만세운동의 기독교 선구자 이승훈을 뒤이은 유영모, 함석헌 등이 한국의 산업화, 민주화 과정에서 정신적 지도자 역할을 하였다. 이 과정에서 그들은 불교, 기독교, 한국전통 사상 등 종교 간의 연대와 중도회통의 정신을 실현하였다고 평가된다. 불교에서는 3·1독립만세운동 과정의 지도자 역할을 하였던 한용운, 용성 스님을 뒤이어 탄허 스님이 유교, 불교, 선교, 기독교 사교회통 사상을 통해 종교간 연대와 중도 사상적 회통을 발전시키는데 크게 기여하였다.

PART 4

손병희의 종교 사상과
근대국가 혁명 사상

최제우, 최시형, 손병희와 동학 사상

.

동학의 창시자 최제우(孤雲,1824~1864)는 호가 수운(水雲)이고 경주
의 몰락한 양반가 출신이었다. 조선 후기 조선왕조 봉건체제의 무능과
부패가 최악의 상태로 치닫던 시기에 유년시기를 보냈으며 경제적 어려
움으로 보부상 등을 하면서 다양한 공부를 했다고 한다. 이후 세상의 어
지러움이 천명(天命)을 돌보지 않았기 때문이라고 생각하여 천명을 알
고자 1856년 천성산(千聖山)에서 본격적인 수행을 시작하였으며 1857
년 적멸굴(寂滅窟)에서 49일 정성 등으로 수행을 지속하였고 1859년 가
족과 함께 경주로 돌아온 뒤 구미산 용담정(龍潭亭)에서 수행을 심화시
켜나갔다.

이 시기에 국내적으로는 조선말의 삼정의 문란 등으로 인한 경제난의 심화에다 천재지변 등으로 혼란이 극심하였으며 동아시아 정세는 1840년을 전후로 한, 아편전쟁으로부터 시작하여 서세동점이 확산되면서 서양 제국주의 열강들의 동아시아 국가에 대한 침탈이 본격화되었다. 특히 1858년의 천진조약은 영국, 프랑스, 미국, 러시아 등 각 4개국과 청국이 맺은 조약으로 서양열강에 대한 개방과 기독교 공인을 핵심내용으로 하였는데 이는 이후 서양열강의 동아시아 국가들에 대한 식민지화의 출발점이었다고 할 수 있다. 이러한 국내외 정세의 혼란상황에서 수행을 계속하던 최제우는 1860년 결정적인 종교체험을 하게 되었고 이 체험에 기초하여 동학사상을 세우게 된다.

그는 그의 깨달음의 본질에 대해 '무극대도(無極大道)'라고 칭하였고, 그 내용은 유교, 불교, 도교를 통합한 내용이었다고 할 수 있다. 이에 따라 일부에서는 신라 말 유, 불, 도를 통달하여 도교의 경전인 『천부경』을 한자로 정리하였고, 고조선 이래로 한국의 전통적인 심신수련법인 '풍류도(風流道)'에 대해 소개하였던 고운(孤雲) 최치원의 환생이라고 말하기도 하였다. 외로운 구름 즉 고운(孤雲)이 물위의 구름 즉 수운(水雲)이 되었다는 것이다. 이러한 내용을 중심으로 최제우는 1861년 포교를 시작하였고, 급속도로 많은 사람들이 동학의 가르침을 따르게 된다.

동학에 대한 탄압과 최제우의 순교

이에 조선시대를 주도해온 기존 유림 층에서 비난의 소리를 높여 서학, 즉 천주교를 신봉한다는 모함을 하게 되고 이에 따라 조선왕조 조정에서는 서학과 함께 동학을 탄압하기 시작하였다. 이에 최제우는 1861년 호남으로 피신하여 남원의 은적암(隱寂庵)에서 동학사상을 체계적으로 이론화하는 작업을 하게 된다. 이후 그는 1862년 경주로 돌아와 포교에 전념하여 교세가 크게 확장되었는데, 1862년 9월 사술(邪術)로 백성들을 현혹시킨다는 이유로 경주진영(慶州鎭營)에 체포되었으나 수백 명의 제자들이 석방을 청원하여 무죄 방면된다. 이후 각지에 접(接)을 두고 접주(接主)가 관내의 신도를 다스리는 접주제도를 만들어 경상도, 전라도, 충청도, 경기도 등에 교세가 확대되어 1863년에는 교인 3,000여 명, 접소 13개가 되었다.

이러한 성과에 기초하여 최제우는 1863년 제자 최시형에게 해월(海月)이라는 도호를 주고 그해 8월 제2대 교주이자 후계자로 정하였다. 조선 조정의 탄압을 예측하고 이에 대한 대응전략을 마련한 것이다. 결국 그는 1863년 11월 경주에서 체포되었고 1864년 3월 사도난정(邪道亂正)의 죄목으로 41세의 나이에 처형되었다. 그의 본격적인 종교 활동은 1861년 6월부터 1863년 12월까지 약 1년 반 정도의 짧은 기간이었으나 동학은 그의 후계자 최시형과 제자들에 의해 급속도로 확산되어 간다.

최제우의 무극대도와 보국안민

　그의 주요 사상은 동학의 대표 경전이 된 『동경대전(東經大全)』과 『용담유사(龍潭遺詞)』에 담겨있다. 그는 『동경대전』에서 하늘과의 대화를 통해 무극대도(無極大道)를 얻었음을 설명하였다. 서도이교인호(西道以敎人乎) 왈불연(曰不然) 오유영부(吾有靈符) 기명선약(基名仙藥) 기형태극(基形太極) 즉 그가 하늘에게 서학으로써 사람을 가르쳐야 합니까? 라고 묻자 하늘은 그렇지 않다고 하면서 나에게 영부(靈符)가 있는데 그 이름이 선약(仙藥)이요 그 형상은 태극(太極)이라고 하면서 이 덕(德)을 천하에 펼치라고 하였다. 여기에서 말하고 있는 태극은 이후 무극의 철학적 원리로 이어진다.

　그리고 '서양전승공취(西洋戰勝功取)무사불성이천하진멸(無事不成而天下盡滅) 역불무순망지탄(亦不無脣亡之歎) 보국안민(輔國安民) 계장안출(計將安出)' 즉 서양은 싸우면 이기고 치면 빼앗아 이루지 못하는 일이 없으니 천하가 다 멸망하면 또한 순망지탄 즉 입술이 없어지면 이가 시리는 탄식을 하게 될 것인데 보국안민 즉 나라를 구하고 백성을 편안케 하는 계책을 장차 어디서 나올 것인지 걱정하였다. 이는 1840년 아편전쟁으로부터 1858년 천진조약에 이르기 까지 서양열강에 짓밟히고 있는 중국을 포함한 동아시아의 현실을 개탄하면서 보국안민의 필요성을 강조하고 있는 것이다. 이러한 그의 보국안민(輔國安民) 사상은 결국 1894년 동학 농민혁명 운동의 핵심 가치로 작용하게 된다.

최제우의 중도 즉 진공묘유는 여무형이유적

또한 그는 논학문(論學問)에서 두 개의 개념을 통해 동양 사상의 핵심인 중도 사상에 대해 설파하였다. 먼저 천도(天道)는 여무형이유적(如無刑而有迹)이다. 즉 '하늘의 도는 형상이 없는 것 같으나 자취가 있다'라고 하여 진공묘유의 본질을 정확히 밝혔다. 다음으로 유영허질대지수(有盈虛迭代之數) 무동정변역지리(無動靜變易之理) 즉 '차고 비고 서로 갈아드는 수는 있으나 동하고 정하고 변하고 바뀌는 이치는 없다'고 하여 동양 사상의 핵심인 중도 즉 진공묘유의 사상을 설파하였다. 이는 도교의 대표 경전인 『천부경(天符經)』에서 밝히는 진공묘유의 철학 즉 만왕만래용변부동본(萬往萬來用變不動本), 만물이 오고 가면서 사용되어지는 것은 계속 변하지만 그 근본은 변하지 않는다는 내용과 일맥상통하는 것이다.

나아가 동학사상의 핵심을 성경신삼자(誠敬信三字)라고 천명하였다. 이는 한국전통 도교의 핵심인 천지인 조화의 사상과 연결되어 있는 것으로 천도(天道) 지리(地理) 인화(人和)와 연관되어 있는 것이다. 즉 하늘의 도를 공경하고 땅의 이치를 성실히 따르면서 믿음에 기초한 인화(人和)를 실현해야 함을 주장한 것이다. 이러한 철학 사상적 원리에 대한 이해에 기초하여 『용담유사』에서 '만고(萬古)없는 무극대도(無極大道) 여몽여각(如夢如覺) 득도(得道)로다.' 즉 일찍이 없었던 무극대도를 꿈인 듯 깨인 듯 득도 하였구나 라고 하면서 큰 깨달음을 얻었음을 알렸다.

충실한 후계자 최시형, 동학조직을 비약적으로 성장시키다

최시형(1827~1898)은 호가 해월(海月)이고 경주 출신으로 어려서 부모를 잃고 어려운 빈농으로 생활을 하다 1861년 최제우가 동학 포교를 시작할 때부터 가르침을 받았으며 배운 것을 누구보다 성실하게 실천하였으며 명상수행을 열심히 하였다고 한다. 1863년부터 동학 포교에 앞장서서 경상도 각지를 순회하며 많은 신도를 확대하였고, 이 성과를 인정 받아 7월 북도중주인(北道中主人)으로 임명, 8월에 도통을 승계 받아 동학의 제2대 교주가 되었다.

최제우가 최시형을 후계자로 선정한 것은 최시형이 빈농 출신으로 제대로 된 교육경험도 없었지만 그의 충실성, 성실성, 헌신성을 높이 샀기 때문이었다고 한다. 최시형은 1863년 12월 최제우가 체포되자 대구에서 옥바라지를 하다가 자신 역시 체포위험에 놓이자 태백산으로 도피하였고, 이후 최제우의 유족을 보살피면서 동학의 재건을 추진하였다. 그는 1년에 4회씩 정기적으로 49일 기도를 하고 스승의 제사를 지내기 위한 계를 조직하면서 신도들을 결집시켰고, 경전을 필사하여 신도들을 공부시켰다. 이러한 활동의 성과로 동학조직은 재건되었으나 1871년 진주민란 때 동학 연루 문제로 다시 탄압을 받게 된다.

이후 최시형은 소백산으로 피신하였다가 영월, 인제, 단양 등에서 조직을 확대하면서 교리연구도 병행한다. 1880년 인제군에서 『동경대전(

東經大全)』, 1881년 단양에서 『용담유사(龍潭遺詞)』를 간행하였다. 이러한 성과를 기반으로 동학의 교세는 비약적으로 증가하게 되어 1885년 충청북도 보은군에 본거지를 만들게 된다. 이 과정에서 조선왕조의 동학에 대한 탄압도 지속되는데 동학의 교세는 갈수록 성장하여 1892년부터 교조의 신원(伸寃)을 명분으로 내세운 투쟁을 확대해 나가게 된다. 1차 신원운동은 1892년 11월 전주 삼례역(參禮驛)에 전국의 신도들을 집결시켜 교조의 신원과 신도들에 대한 탄압중지를 충청도, 전라도관찰사에게 청원한 것으로 시작되었다. 이후 탄압이 계속되자 1893년 2월 서울 광화문에서 40여 명의 대표가 임금에게 직접 상소를 올리는 제2차 신원운동을 전개하였다. 정부 측의 회유로 해산한 뒤 다시 탄압이 가중되자 제3차 신원운동을 1893년 3월 보은에서 수만 명의 신도를 집결시켜 대규모 시위를 벌였다.

동학 농민혁명 운동의 발발과 전봉준, 손병희의 등장

보은 시위로 인해 조선조정에서 탐관오리를 파면하는 등 일부 회유책을 폈으나 다수 신도들은 무장봉기의 필요성을 주장하기 시작하였다. 이 과정에서 1894년 1월 전봉준(全琫準)이 고부군청을 습격한 것을 시발로 하여 동학 농민혁명 운동이 발발하게 되었다. 위에서 살펴본 바와 같이 동학 농민혁명 운동은 결국 조선조정의 청나라 군대 파병요청, 일본

군대와의 협력 등을 거쳐 결국 '우금치 학살 사건'을 계기로 패배하게 된다. 이에 따라 최시형은 피신생활을 하면서 포교활동에 전력을 기울였고 1897년 손병희에게 도통을 전수한 이후 1898년 3월 원주에서 체포되어 6월 서울에서 처형되었다.

최시형은 법설을 통해 '인시천인(人是天人)' 즉 사람은 하늘사람으로 인정해야 하며 '도시대선생주무극대도야(道是大先生主無極大道也)' 즉 도는 대 선생님 최제우의 무극대도 이다'라고 하여 동학의 1대 교주 최제우의 무극대도의 핵심을 인시천인으로 규정하여 동학 3대 교주 손병희의 인내천(人乃天) 사상으로 발전시키는 교량 역할을 하게 된다. 그리고 그는 '진자(眞者) 허중생실(虛中生實) 천지지공(天地之至公) 망자(妄者) 허중생기(虛中生欺) 천지지무공야(天地之無功也)' 즉 '참된 것은 비운 것 속에서 나와 열매를 맺은 것으로 천지의 지극히 공적인 것이고 허망한 것은 비운 것 속에서 나온 거짓된 것으로 천지의 공이 없는 것이다'라고 하여 동양 사상의 핵심인 중도 즉 진공묘유를 설파하였다.

최시형의 사인여천 사상과 손병희의 인내천 사상

또한 그는 '천지인도시일이기이기(天地人都是一理氣而己) 인시천(人是天) 천시만물지정야(天是萬物之精也)' 즉 '천지인은 이치와 기운이 하나로 뭉쳐진 것이며 사람은 하늘이고 하늘은 만물의 정수이다'라고 주장하였다. 이는 전통도교의 경전인 『천부경』의 핵심 사상인 천지인(天地人) 조화 사상과 동일한 맥락에서 이해될 수 있는 내용이다. 이러한 이해에 기초하여 동학사상의 핵심인 인시천(人是天) 사인여천(事人如天) 사상 즉 '사람이 하늘이니 사람 대하기를 하늘처럼 대해야 한다'라고 주장한다. 이 같은 동학 2대 교주 최시형의 인간존중 사상은 '도가부인경물타아(道家婦人輕勿打兒) 타아즉타천의(打兒卽打天矣)' 즉 '도가의 부인들은 경솔하게 아이를 때리지 말라 아이를 때리는 것은 하늘님을 때리는 것과 같다'고 하여 모든 인간에 대한 존중 사상으로 발전되었다.

그리고 이러한 동학교주들의 주장은 말뿐만이 아니라 실천으로 보여준 것에서 그 가치가 높다고 할 수 있다. 동학의 창시자인 최제우는 자신 집안의 노비 여인 두 명 중 한 명은 수양딸로 삼고 한 명은 며느리로 삼음으로서 신분귀천의 차이를 타파하고 있음을 몸소 보여주었고 최시형은 아이를 때리는 것은 하늘님을 때리는 것 같다는 법설을 하였다. 또한 이러한 인간존중 사상은 동학 3대 교주 손병희의 사위였고 동학교인이었던 방정환에게 이어져 어린이를 존중하는 새로운 문화를 만들어 오늘날 '어린이 날'로 발전시킬 수 있었던 것이다. 이러한 동학사상은 경천(敬天), 경지(敬地), 경인(敬人), 경물(敬物)의 사상으로 발전되었다. 이 같은 동학의 인간존중 사상은 자유민주주의 근대국가 문명을 설계하였던 존 로크 등 서양의 대표적인 근대 정치 사상가들의 천부 인권 사상과도 동일한 맥락에서 이해될 수 있는 내용이라 할 수 있다.

종교지도자이자 근대국가 혁명가 손병희

손병희(1861~1922)의 도호(道號)는 의암(義菴)이며 충청북도 청원 출신으로 조선시대에 각종 차별을 받던 서자로 태어나 정상적인 교육은 받지 못하였으나 불의에 저항하는 의식이 강하였고 불우한 사람을 도우려는 마음이 컸다고 한다. 12세에 아버지 심부름으로 가지고 가던 돈으로 눈길에 쓰러진 사람을 구하는데 써버렸고, 감옥에 갇힌 친구 아버지 석방을 위해 자기 집 금고위치를 알려주기도 했다고 한다. 21세에 약수터에서 양반이 약수를 독점하자 이를 물리치고 힘없는 백성들에게 약수를 나눠 마시게도 했다고 한다. 1882년 동학이 평등 사상을 내세운 것에 대해 공감해서 동학에 입도하였고, 입도 3년 만에 동학2세 교주 최시형의 수제자가 되어 수행에 정진하였다.

그는 특히 후천개벽(後天開闢) 사인여천(事人如天) 보국안민(輔國安民) 사상을 깊이 수용했다고 한다. 이후 주지하다시피 1894년 동학 농민혁명 운동 때 통령(統領)으로 북접(北接)의 혁명군을 이끌고 남접(南接)의 전봉준과 논산에서 결집하여 호남과 호서지역을 휩쓸면서 관군을 격파하였으나 조선조정과 연합한 일본군의 개입으로 '우금치 학살 사건'을 계기로 참패하였다. 그런데 동학 농민혁명 운동 과정에서 최시형, 손병희 등 동학의 지도부는 전봉준이 주도하는 남접이 고부민란을 계기로 조선왕조에 대한 전면적인 부정의 움직임을 보이자 이에 대해 '국가의 역적이며 사문(師門)의 난적'이라고 비판한 바가 있다. 이러한 인식은 최시형, 손병희 등이 반봉건 개혁을 추구했음에도 불구하고 동학 농민혁명 운동시기까지 성리학적 세계관 즉 왕조통치에 대한 기본적인 존중의식이 여전히 남아있었음을 보여준다.

이는 최제우가 무극대도를 깨달은 이후 유교, 불교, 도교를 통합하는 동학을 창시하여 최시형, 손병희가 계승하였는데 그들의 사고 속에서 무극대도와 충돌이 되는 주자 성리학적 요소를 아직 극복하지 못했음을 보여준 것이다. 이러한 현상은 동양 사상적 관점에서 본질적으로 보면 인간이 큰 깨달음을 얻어 큰 사상적 전환을 한 이후에도 과거부터 가져왔던 생각의 습관, 감정의 습관은 상당기간 지속된다는 것과 연관해서 이해할 수 있는 것이다. 손병희의 경우 민주공화제를 목표로 했던 3·1독립만세운동 시기에 이러한 성리학적 세계관의 잔재를 완전히 극복한 모습을 보여준다.

손병희의 근대국가 혁명 사상의 변천과 3·1독립만세운동

손병희는 동학 농민혁명 운동 실패 이후 도피생활을 하다가 1897년부터 동학 2세 교주 최시형으로부터 동학의 도통을 전수받은 이후 3년 동안 지하에서 교세 확장에 진력하였다. 1901년부터 일본과 중국 상해를 오가는 망명생활을 하면서 서양문명, 근대국가 문명을 배우고자 노력하였다. 이 시기에 미국행을 시도하다 좌절하기도 하였다. 1903년 귀국해서 청년들을 일본에 유학시켜 근대국가 문명을 배울 수 있게 하는 활동을 하였다. 이후 러일전쟁을 앞둔 동아시아 정세의 변동 과정에서 1904년 개혁 운동을 목표로 진보회(進步會)를 조직하여 활동을 하다 조직에서 중요한 역할을 하던 이용구(李容九)의 배신과 친일활동으로 진보회 활동은 큰 상처를 입게 된다. 결국 1906년 이용구 등 친일파를 출교시키고 동학을 천도교로 개칭하여 3대 교주로 취임하게 된다.

그리고 교세 확장 운동을 적극적으로 추진하였고 교육 구국운동 차원에서 보성(普成)전문학교, 동덕(同德)학원 등을 인수하여 성장시켜 나갔고, 출판사 보성사(普成社)를 창립하였다. 이러한 그의 교육구국운동과 출판사 창립은 향후 역사적인 3·1독립만세운동의 중요한 자원 역할을 하게 된다. 1919년 그동안 교세를 확장한 것과 교육구국운동의 성과를 총결집하여 기독교, 불교 등과 연대하여 3·1독립만세운동을 성공시켰다. 이에 따라 일본 제국주의로부터 3년형을 선고받아 복역하다가 1920년 10월 병보석으로 출감하여 요양을 하였으나 1922년 5월 62세에 사망하였다.

손병희는 동학 3대 교주로서 동학이 명실상부한 조직 체계를 갖춘 종교로서 정립하는 과정에서 중요한 역할을 한 종교지도자임과 동시에 동학 농민혁명 운동의 지도자이자 3·1독립만세운동의 실질적 지도자로서 근대국가 혁명 운동가로서 역할을 한 특성이 있다. 이는 동학을 창시한 최제우가 종교지도자로서 하늘과의 대화를 통한 큰 깨달음을 통해 최초로 근대 한국의 전통종교 사상을 정립한 역사적 역할이 컸고, 동학 2세 교주 최시형이 최제우의 순교 이후 어려움에 처한 동학조직을 간고분투를 하며 지켜냈고 동학사상의 진수를 충실하게 계승하는 역할을 하였다면, 동학 3세 교주 손병희는 동아시아 정세의 대격변이 시작되는 1894년 동학 농민혁명 운동부터 1919년 3·1독립만세운동에 이르기까지 근대국가 혁명 운동가로서의 역할과 종교지도자로서 역할을 동시에 하게 되는 특성을 가지게 되었다고 할 수 있다.

삼전론, 천도태원경과 인내천 사상

동학이 주도한 동학 농민혁명 운동의 참패 이후 1897년 처형을 예견한 동학의 2세 교주 최시형으로부터 동학 3세 교주로 도통을 전수 받은 손병희는 동학조직의 보존 및 재건과 함께 동학 농민혁명 운동의 참패의 충격 속에서 근대국가 혁명에 대한 고민을 지속하게 된다. 이에 따라 그는 1900년대 초 일본과 중국을 오가며 근대국가 문명을 배우면서 새로운 근대국가 혁명 운동을 추진하였고 그 과정에서 1904년 러일전쟁을 전후로 일본과 연대하는 개화운동을 추진하였으나 이용구의 배신 등으로 큰 상처를 안게 되었다. 결국 손병희는 1906년 친일파 이용구 등을 출교시키고 동학을 천도교로 재정립하면서 새롭게 동학사상을 정리해 나가게 된다.

대표적으로 1909년 손병희는 49일간의 기도식을 마친후 무체법경(無體法經)을 지었다. 최제우가 창시하고 최시형이 계승한 무극대도(無極大道)를 이론적으로 새롭게 정리한 것이었다. 그는 여기에서 최제우, 최시형의 시천주(侍天主) 사상도 새롭게 정리하였는데, 시천주지(侍天主之) 시자(侍字) 즉각천주지의야(即覺天主之意也) 천주지주자(天主之主字) 아심주지의(我心主之意也) 아심각지(我心覺之) 상제즉아심(上帝即我心) 천지아심(天地我心) 즉 시천주의 모실 시자는 하늘님의 뜻을 깨달았다는 뜻이고, 천주의 주자는 내 마음 주인의 뜻이라는 것이며, 내 마음을 깨달으면 하늘님이 곧 내 마음이고 천지가 내 마음과 같다고 하였다. 이러한 시천주 사상은 가톨릭이나 기독교의 하나님 관과는 차이가 있다.

가톨릭이나 기독교의 하나님이 수직적 관계에서 신도가 하나님에 대해 믿음과 복종을 표현해야 하는 관계로 이해한다면 동학의 시천주(侍天主)사상은 무극대도(無極大道)의 입장에서 즉 하늘님과 인간의 관계를 수평적 입장에서 보면서 내가 깨달음을 얻으면 내가 하늘님의 마음과 같게 되고 천지가 내 마음과 같게 되어 궁극적으로는 사람이 곧 하늘이라는 인내천(人乃天) 사상으로 발전하게 된다.

『삼전론』『천도태원경』『무체법경』

이러한 손병희의 동학사상은 1903년『삼전론』(三戰論)과 1906년『천도태원경』(天道太元經) 등을 거쳐서 발전된 것이었다. 『삼전론』은 손병희가 동학 농민혁명 운동의 실패 이후 그 실패 원인에 대해 깊이 고민하면서 근대국가 문명을 배우기 위해 일본과 중국을 다녀오고 미국에 가는 것까지 시도하는 과정을 통해 새롭게 자각한 종교와 근대국가 문명에 대한 그의 변화된 생각들을 살펴볼 수 있는 내용을 담고 있다. 그리고 손병희의『천도태원경』은 1904년 러일전쟁을 전후로 한시기에 새로운 개화운동을 추진하였으나 역시 실패한 이후 1906년 동학을 천도교로 재정립하면서 동학사상을 새롭게 정리한 내용이다. 따라서『천도태원경』은 위의 1909년『무체법경』(無體法經)과 함께 역사적인 3·1독립만세운동을 추진하게 되는 사상적 배경과 연관되는 내용들을 살펴볼 수 있다.

『삼전론』에서 손병희는 '물구즉폐(物久卽弊) 도원즉소(道遠卽疎) 이지자연(理之自然) 명약관화(明若觀火)' 즉 '물건이 오래되면 낡아지고 도가 멀어지면 소홀히 되는 것은 자연의 이치처럼 분명한 것이다'라고 하여 무능하고 부패한 조선왕조체제가 오래되어 이제 더 이상 정상적인 역할을 못하게 되어 새로운 근대국가 문명으로 나아가야 하는 것은 분명하다는 뜻을 담고 있다. 이는 1894년 동학 농민혁명 운동의 참패를 가져왔던 '우금치 학살 사건'에서 조선왕조체제가 자기 백성들이 보국안민을 외치면서 싸우는데 외국군대인 일본군대와 협력해서 자기 백성들을 무참하게 죽이는 것을 경험하고 조선왕조체제는 더 이상 지속될 수 없는 낡은 체제임을 분명하게 인식한 것이었다.

인화를 위한 방책은 도가 없으면 불가능하다

그리고 도전(道戰)에 대해 '천시불여지리(天時不如地利) 지리불여인화(地利不如人和) 인화지책(人和之策) 비도불능(非道不能)' 즉 '천시는 지리만 못하고 지리는 인화만 못하는데 인화(人和)를 위한 방책은 도(道)가 없이는 불가능하다'는 것으로 맹자의 말을 인용하면서 도(道)의 중요성을 강조하고 있다. 맹자는 원래 천시와 지리보다 민심을 얻는 것이 중요함을 강조했던 것인데 손병희는 여기에서 민심의 중요성과 함께 민심을 얻기 위한 근본적인 힘은 도(道)에서 나오는 것임을 주장하고 있다.

이는 그가 동학 농민혁명 운동의 패배를 딛고 동학을 재건하면서 그 힘을 기초로 새롭게 근대국가 혁명 운동을 추진했던 손병희의 행적과 연관 지어 해석할 수 있는 내용이다. 또한 이 도전(道戰)에 관한 손병희의 위 구절은 손병희가 근대국가 혁명가이면서 동시에 종교지도자로서의 성격을 가지고 있었음을 가장 정확하게 보여주는 내용이라 할 수 있다.

또한 그는 '국각유국교(國各有國敎) 일관주장자(一款主掌者) 개명문화야(開明文化也) 개이선개지도(盖以先開之道) 가피미개지국(加被未開地國) 행기덕화기민즉(行基德化基民則) 민심소귀(民心所歸) 패연지수(沛然如水)' 즉 '국가마다 각기 국가적 가르침이 있는데, 첫 번째 가는 주장이 개명문화이다. 대개 먼저 개명한 도로써 미개한 나라에 베풀어 그 덕을 행하고 그 백성들이 이루게 하면 민심 돌아가는 것이 물이 아래로 흐르는 것처럼 될 것이다'라고 하였다. 이는 1904년 러일전쟁을 전후한 시기에 손병희가 일본과 연대하여 조선의 개화를 이루고 서양열강에 공동대응 하고자 했던 생각과 연관된다 할 수 있다. 이러한 생각의 연장선상에서 '진보회'를 조직하여 개화운동을 추진하면서 러일전쟁에서 일본을 지원하는 활동을 한 것으로 보여진다.

재물은 살아있는 영혼들의 이용물

다음으로 재전(財戰)에 대해 '천보지물화야(天寶之物化也) 생령지이용(生靈之利用)' 즉 '재물은 하늘이 준 보배의 물건이니 살아있는 영혼들의 이용물이다'라고 하였다. 이는 동학 농민혁명 운동 참패의 결정적 전투였던 '우금치 학살 사건'에서 동학 농민군이 수만 명 죽고 수십만 명이 부상을 당한 반면에 근대적 무기로 무장한 일본군은 불과 수십 명의 사상자만 냈던 것을 직접 체험하였던 손병희가 이후 일본, 중국을 오가며 근대국가 문명을 배운 것과 연관된다. 그 결과 재물에 대한 두 가지 인식을 형성하였다고 할 수 있다. '근대국가 혁명 운동을 성공시키기 위해서는 서양의 자본주의 물질문명이 생산해 낸 근대적 문물을 적극 수용해야 한다는 것과 동학을 명실상부한 종교로 발전시키기 위해서는 동학의 물질적 기반을 구축해야 한다'라는 인식이었다 할 수 있다. 이러한 동학의 물질적 기반의 중요성에 대한 인식은 성미(誠米)운동으로 현실화된다.

마지막으로 '언전(言戰)에서 출언유도(出言有道) 지모병행연후(智謀並行然後) 언가유장의(言可有章矣) 일언가이흥방(一言可以興邦)' 즉 '말을 하는데도 도(道)가 있으니 지혜와 계책을 병행한 뒤에야 말이 빛이 나는 것이며 한마디 말로 가히 나라를 흥하게 할 수 있다'고 하였다.

삼전론과 3·1독립운동 사상

이러한 손병희의 사상은 1919년 3·1독립만세운동을 말을 앞세운 평화적 혁명 운동으로 만드는 원동력으로 작용하였으며 그가 당대의 문장가였던 최남선을 가까이에 두고 3·1독립선언서를 작성하게 하는 것으로 작용하였다. 이처럼 손병희가 동학사상을 정리하면서 주장한 삼전론 즉 도전(道戰) 재전(財戰) 언전(言戰)은 동학의 종교사상을 정리하는데 작용하였을 뿐만 아니라 그의 3·1독립만세운동 등 근대국가 혁명 운동 과정에서도 중요한 역할을 하였다고 평가된다.

손병희의 종교사상을 정리한 대표적인 저작은 『천도태원경』(天道太元經)이다. 이 책은 도가 세상에서 해야 할 역할과 위치 등에 대해 설법하고 있는 내용을 담고 있다. 그는 먼저 '도는 무시무종(無始無終) 무선무악(無善無惡) 무극대도(無極大道)'라고 규정하여 최제우, 최시형이 말한 무극대도의 본질에 대해 다시 규정, 발전시킨 내용을 담고 있다. 이는 일시무시일(一始無始一)로 시작하여 일종무종일(一終無終一)로 끝나는 도교의 대표 경전인 『천부경』의 철학과도 일치하는 내용이다. 그리고 그는 무극대도에 대한 인식에 기초하여 교(敎)는 선악분별(善惡分別)이고 이(理)는 선악범위(善惡範圍)이며 정(政)은 사물분별(事物分別)이라고 설명하였다.

무시무종(無始無終) 무선무악(無善無惡) 무극대도(無極大道)

이는 무극대도가 진리로서 근원적인 출발점이라면 무에서 태어난 유는 세상에서 활동하는 과정에서 선과 악에 해당되는 행동들을 하게 되는데, 이 선과 악을 분별하게 하는 것이 가르침을 뜻한다는 것이다. 그런데 선악을 분별하는 과정에서 그 범위를 판단하는 것이 중요한데 그 범위를 판단하는 기준은 무극대도가 구체적으로 나타나는 이치(理致)가 된다는 것이다. 그 이치는 유교(儒敎)적 내용으로 표현한다면 인의예지(仁義禮智)가 되며 동학의 내용으로 표현한다면 성경신(誠敬信)이 된다.

나아가 정치의 영역에서는 선악의 분별과 범위에 대한 판단에 기초하여 사물을 분별하는 것이 중요함을 담고 있다.

그리고 『천도태원경』에는 손병희의 각 종교에 대한 해박한 이해를 담고 있어서 3·1독립만세운동에서 그가 기독교, 불교와 중도회통(中道會通)의 철학에 기초하여 연대를 성사시키는 철학적 기초가 되는 내용을 담고 있다고 할 수 있다.

먼저 유교에 대해서는 '인격상정견(人格上政見) 실제방향자신규칙(實際方向自身規則) 천행심적(踐行心迹) 인계상풍교연포특성유(人界上風教演布特性有) 천정령조령숭배신교면목유(天精靈祖靈崇拜新敎面目有)'라고 하였다. 즉 유교는 인격상의 정치적 견해를 보는 것이 중심인데 실제 생활에서 자신의 실천행동과 연관되는 마음을 닦게 하고 인간세계의 풍속을 교육해서 펼치는 특성이 있으며 하늘님의 정신과 조상신을 숭배하는 종교적 면목을 가지고 있다고 밝혔다.

도교인 노자 사상에 대해서는 '천지만유일체관통철이론명(天地萬有一體貫通哲理論明) 자연적천칙(自然的天則) 시중종온건자지(始中終穩健自持) 예악형정구니진무상무(禮樂刑政拘泥塵想無) 초인격진수(超人格眞髓) 선차여엽(仙此餘葉)'라고 하였다. 즉 도교는 천지만물 전체에 관통하는 철학적 이론을 밝혔는데, 그 본질은 자연적인 하늘의 이치를 따르는 것으로 처음과 중간과 마지막에 걸쳐서 항상 편안하고 건전함을 스스로 지켜나가게 하며 예절과 음악과 형벌과 정사 등에 얽매이지 않고 속된 생각이 없는 현실적 이해관계를 초월한 인격의 진수를 강조하는 것으로 여기에서 선교(仙敎)가 나온다고 밝혔다.

『천도태원경』의 중도회통 사상과 불교, 기독교와의 연대

불교에 대해서는 '무신관무아관(無神觀無我觀) 기진각(基眞覺) 무유유무무무(無有有無無無) 삼장중(三藏中) 대정신정점달자(大精神頂點達者) 고집멸도(苦集滅道) 사성제(四聖諦) 팔정도(八正道)'를 펴고 있다고 말하였다. 이는 불교가 신(神)도 없고 나도 없다는 공(空) 사상이 중심이고, 그 참된 깨달음은 존재함도 없고 유무의 분별도 없고 없는 것이라고 말하는 것도 없는 세 가지 근본적인 깨달음을 얻어야 큰 정신의 정점에 도달할 수 있다는 것이다. 그리고 이를 위해서는 고통의 본질이 집착에 있음을 깨닫고 이를 소멸시켜야 하며 그 방법으로 여덟 가지의 바른 도를 수행하는 것을 강조하는 종교임을 밝혔다. 이러한 불교 사상은 동학이 무극대도의 철학적 원리를 깨닫고 이에 기초하여 성경신의 실천을 강조하는 것과 동일한 맥락에서 이해할 수 있는 내용이라 할 수 있다.

기독교에 대해서는 '신체합적 사상(神諦合的思想) 세계미양초(世界迷羊招) 천부회포중(天父懷抱中) 귀숙중보(歸宿仲保) 심령계(心靈界) 도덕계

(道德界) 양관계자담천직운(兩關係自擔天職云)'이라고 설명하였다. 즉 기독교는 신과 사람을 결합시키고자 하는 사상으로 세상의 미혹한 양과 같은 사람들을 불러들여 하나님 아버지 품안에 돌아가게 하는 중간역할을 하고자 하는 것으로 하늘의 심령계와 인간세계의 도덕계 양편의 관계를 연결시키는 것을 스스로 담당하는 하늘의 직분을 강조한다는 것으로 해석하고 있다.

그리고 가톨릭에 대해서는 다른 종교에 대해 너그럽게 용납하는 특성을 가지고 있다고 이해하였고 이슬람교에 대해서도 기독교의 일체반영이며 그 형식상 다른 것은 칼과 불로 다른 사람을 복종하게 하는 절대적 의무를 가지는 특성이 있다고 해석하는 등 세상 대부분의 종교에 대한 이해를 담고 있다.

이러한 손병희의 『천도태원경』에 담겨있는 세계 각 종교에 대한 이해는 두 가지 경로를 통해 형성된 것이라 할 수 있다. 먼저 유교, 불교, 도교에 대한 이해는 동학의 창시자 최제우와 후계자 최시형의 사상 즉 유불도를 통합하는 정신 위에 만들어진 동학사상 자체로부터 배운 것이고, 기독교 등 서양 종교에 대해서는 1900년대 초에 일본과 중국을 오가면서 서양 문명과 근대국가 문명을 배우는 과정에서 배운 것으로 보여진다. 그리고 이러한 손병희의 각 종교에 대한 깊이 있고 풍부한 이해는 1919년 3·1독립만세운동에서 세계 역사상 그 유례를 찾아보기 힘든 한국전통 종교인 천도교와 서양의 종교인 기독교, 동양을 대표하는 종교인 불교가 함께 연대하여 평화적인 근대국가 혁명 운동이자 독립운동을 성공시키는 중요한 밑거름이 되었다고 평가된다.

손병희의 근대국가 혁명 사상의 변화에 대한 이해

손병희(1861~1922)는 한국 근대의 대표적인 종교지도자이자 근대 문명국가를 건설하고자 했던 혁명가였다. 그는 동학 농민혁명 운동 시기에는 동학 북접의 지도자로서 남접의 지도자 전봉준과 함께 수십만 명에 이르는 농민군을 결집하여 반외세 반봉건 개혁운동에 앞장섰다. 또한 그는 3·1독립만세운동 시기에는 동학의 3대 교주로서 명실상부한 전체 독립만세 운동의 지도자 역할을 수행하였다. 한국 근대사 속에서 대표적인 근대국가 혁명 운동가로 평가될 수 있을 손병희의 근대국가 혁명 사상은 크게 보아 세 단계로 나누어 분석할 수 있다.

첫 번째 단계는 동학 농민혁명 운동 시기이다. 위에서 살펴본 대로 세계사적 흐름과 연관해서 보면 초기 급진주의 좌파 사상에 기반을 둔 근대국가 혁명 시도였던 1789년 프랑스 혁명과 유사한 초기 급진주의 좌파적 근대국가 혁명 사상을 형성하였던 시기이다. 두 번째 단계는 1904년 러일전쟁을 전후한 시기이다. 그는 '진보회'를 결성하여 국내적으로는 개화운동 즉 일본식의 근대국가 문명으로 전환을 추진하는 사회개혁운동을 추진함과 동시에 일본과 연대를 통해 러일전쟁에 참전해서 동아시아 전체의 근대문명으로의 전환을 추진하려 했던 시기이다. 소위 우파적 근대국가 혁명 사상을 시도해 보았던 시기이다. 세 번째 단계는 3·1 독립만세운동 시기이다. 그가 중도회통 사상적 철학을 기반으로 천도교, 기독교, 불교 간의 대연대를 실현하여 민주공화제를 목표로 한, 근대국가 혁명과 독립운동을 추진했던 시기이다. 소위 중도회통 사상에 기초한 근대국가 혁명 사상을 형성했던 시기이다.

프랑스 혁명과 동학 농민혁명 운동의 이념

세계사적 차원에서 근대국가 혁명은 1688년 영국의 명예혁명과 1776년 미국의 독립혁명으로부터 시작되었고 그 사상이론적 지도자 역할을 한 인물은 존 로크와 애덤 스미스였다. 우리는 이를 자유민주주의 근대국가 문명이라 부른다. 그런데 이 자유민주주의 근대국가 문명과는 조금 다른 철학적 배경이 작용하면서 근대국가 혁명이 추진된 대표적 사건이 1789년 프랑스 대혁명이었다. 자유민주주의 근대국가 문명은 존 로크, 애덤 스미스, 토마스 제퍼슨, 에드먼드 버크 등의 철학 사상이 중요한 역할을 하였는데, 그들의 가장 중요한 철학적 관점은 첫째, 인간의 자유가 무엇보다 소중한 가치라는 것으로부터 출발하여 이를 법률적 정치적 제도적으로 보장할 수 있게 자유권, 생명권, 재산권, 행복추구권을 구체화시켰다는 것이다.

둘째, 인간의 불완전성을 이해하는 것을 기초로 하여 법치주의, 삼권분립, 각 기관의 독립, 견제와 균형의 원리 등을 국가경영 전반에 관철시켰다는 것이다. 이러한 철학에 기반한 자유민주주의 근대국가 문명은 산업혁명과 결합되면서 인류 역사상 가장 큰 물질문명의 도약을 선도, 주도하게 된다.

그런데 프랑스 혁명은 이와는 다른 근대국가 혁명 모델을 보여 주었다. 자유 또는 평등의 이념을 보다 급진적으로 추진하는 국가 모델이라 할 수 있다. 1789년 시작된 프랑스 혁명은 자유, 평등, 박애를 내세우고 급진적 사회개혁을 추진하였는데, 장자크 루소가 사상적으로 가장 큰 영향을 끼쳤다. 그는 '인간은 자유롭게 태어났는데 모든 곳에서 쇠사슬에 묶여 있다'라고 하면서 급진적인 자유와 평등의 실현을 주장하였는데, 유럽을 중심으로 한, 세계의 많은 지식인들에게 급진적 근대국가 모델을 추구하게 만들었다.

프랑스 대혁명은 귀족과 성직자 중심의 특권 계층을 타파하고 새롭게 등장한 자본가와 소상공인을 중심으로 한, 시민의 권리를 추구하였다. 루소는 인간이 사회라는 전체의 일부로 공동선을 지향해야 함에도 불구하고 개인의 이익만을 추구함으로써 시민적 의무와 자연적 성향 사이에서 내적으로 분열된다고 하였다. 또한 이상적 사회를 만들기 위해서는 이성을 통한 점진적 계몽보다, 미덕을 향한 열망에 기초한 의지적 결단과 자기개혁의 실천이 중요함을 강조하였다.

프랑스 혁명의 사상가, 강경파 루소와 온건파 볼테르

한편 프랑스 혁명 온건파의 사상을 대변했다고 할 수 있는 볼테르는 인간이 이성을 올바르게 사용하여 자신이 사회적 존재이고 사회 안에서만 행복할 수 있다는 사실을 제대로 인식하기만 한다면 사회적 갈등은 자연히 해소된다고 주장하였다. 그리고 프랑스를 영국과 비교하여 자유가 부족함을 비판하였고 스스로의 힘으로 사회 구조를 생각해야 하고 정의롭지 못한 것을 미워하며 관용의 중요성을 강조하였다. 이러한 프랑스 혁명의 강경파를 대변했던 루소와 온건파를 대변했던 볼테르는 프랑스 혁명 과정에서 로베스 피에르 중심의 급진적 개혁을 주도했던 자코뱅당이 좌파, 상대적으로 온건한 개혁을 추진했던 지롱드당이 우파로 규정되는데 영향을 미쳤다.

이것이 세계사적 차원에서 근대국가 혁명의 길에서 좌파적 길과 우파적 길을 나누는 시초가 되었다. 프랑스 혁명은 이 같은 역사적 흐름 위에서 볼 때 첫 번째 급진주의 좌파적 근대국가 혁명의 길이었다 할 수 있다. 반면에 영국의 명예혁명, 미국의 독립혁명으로부터 시작된 근대국가 혁명의 길은 우파적 근대화의 길로 평가된다. 그리고 프랑스 혁명이라는 첫 번째 급진주의 좌파적 근대국가 혁명의 길은 두 번째 급진주의 모델이자 현재까지 좌파적 근대국가 혁명의 길을 대표하는 사회주의적 근대국가의 길로 변화, 발전되었다고 할 수 있다. 사회주의적 근대국가의 길은 마르크스가 창시하고 레닌이 실천적 이론으로 발전시켰으며 세계 2차 대전 이후에는 중국, 북한, 베트남 등을 포함한 적지 않은 아시아, 아프리카, 라틴아메리카로 확산되었다.

동학 농민혁명 운동과 좌파적 근대국가 혁명 운동

동학 농민혁명 운동은 이러한 좌파적 근대국가 혁명 사상의 흐름 속에서 볼 때 1789년 프랑스 혁명과 1919년 러시아 혁명의 사이에서 아시아에서 일어난 대표적인 급진주의 좌파적 근대국가 혁명 운동이었다고 평가된다. 2천만 명도 안 되는 국가에서 목숨을 걸고 투쟁해서 수십만 명의 부상자와 수만 명의 사망자를 낼 정도의 격렬한 투쟁을 통해 반외세 반봉건 혁명 운동을 전개했던 것이다. 또한 프랑스 혁명의 사상적 지도자 루소가 말하였던 '인간은 자유롭게 태어났는데 모든 곳에서 쇠사슬에 묶여 있다'와 같은 인식은 동학을 창시한 최제우의 '사람이 곧 하늘이다'라는 정신과 외세와 조선왕조의 무능과 부패로 신음하는 백성들을 구제하겠다는 '보국안민 사상'과 비슷한 맥락에서 이해될 수 있는 내용을 담고 있다.

세계 역사적 흐름 속에서 볼 때 1789년 프랑스 대혁명이 18세기 유럽의 대표적인 좌파적 근대국가 혁명의 시도였다면 1894년 한국의 동학 농민혁명 운동은 19세기 아시아의 대표적인 좌파적 근대국가 혁명의 시도였다 할 수 있다. 그리고 에드먼드 버크가 『프랑스 혁명 성찰』에서 날카롭게 통찰한 바대로 프랑스 혁명은 신의 섭리에 어긋나고 구체적 처방전에 기초한 책임 있는 변화를 추진하지 못한 주관적 혁명시도였기에 결국 실패하게 된다. 동학 농민혁명 운동 역시 손병희를 포함한 혁명 운동 주체들의 당시의 국제 정세, 국내 정세와 근대국가 문명에 대한 정확한 이해의 부족, 혁명의 목표와 전략 전술적 준비의 부족 등으로 인해 실패하게 된다.

러일전쟁과 일본식 개화전략의 실패

손병희의 두 번째 근대국가 혁명 운동 시도는 러일전쟁 전후 시기에 조선의 일본식 근대화 추진과 한일연대를 통해 서양열강에 대응하고자 했던 활동이었다. 손병희는 동학 농민혁명 운동의 실패 이후 국제정세와 근대국가 문명의 흐름을 배우기 위해 1900년대 초, 일본과 중국을 오가며 새로운 전환을 시도한다. 이 시기에 서양의 근대국가 문명을 아시아에서 가장 먼저 수용하여 근대적 강국으로 등장한 것이 일본이었다.

손병희는 1894년 청일전쟁에서 그동안 아시아의 패권 세력이었던 중국을 패퇴시킨 일본의 힘을 현장에서 목격하게 된다. 또한 서양 근대국가 문명을 선도하는 곳이 미국임을 깨닫고 미국방문까지 추진하였으나 이는 실패하게 된다. 결국 그는 이러한 새로운 경험과 인식에 기초하여 동학조직을 재건하면서 새로운 근대국가 혁명 운동을 추진하였던 것이다.

이 과정에서 중요하게 작용한 역사적 사건이 1904년 러일전쟁이었다. 이 시기에 조선의 개화와 생존을 고민하던 적지 않은 지식인들은 러일전쟁에 대해 러시아를 서양열강을 상징하는 세력으로 이해하고 일본을 아시아에서 먼저 근대국가가 되었기에 일본이 아시아를 대표하여 러시아를 제압해 주길 바라는 의식을 가졌다고 할 수 있다. 현실적으로는 당시 영국과 미국도 일본을 지원했기 때문에 이런 인식은 광범위하게 확산되었다. 구체적으로 여운형은 러일전쟁 시기에 조선왕조의 무능을 비판하면서 조선과 일본이 동맹을 맺고 러시아에 선전포고해야 한다고 정부에 진정서를 내기도 했었다.

안중근 의사는 1909년 이토 히로부미를 저격한 이유로 '동양 평화론'을 주장한 바도 있다. 안중근 의사의 동양평화론은 서양 제국주의 열강이 아시아를 침략하고 있는 정세에서 동아시아의 한국, 일본, 중국이 힘을 합쳐 동양평화를 이루고 서양 제국주의 열강에 대응하는 것이 필요하다는 주장이었다. 이와 비슷한 맥락에서 손병희는 러일전쟁 시기에 한국과 일본이 동맹을 맺어 전쟁을 치르고 한국이 일본과 함께 전승국이 되자는 취지에서 일본을 지원했던 것이다. 이와 병행하여 국내적으로 1904년 진보회를 조직하고 단발운동 등 사회개혁 운동을 추진하게 된다. 이시기의 손병희의 근대국가 혁명 사상은 조선을 일본의 명치유신을 모델로 하여 국내적으로 사회개혁 운동을 추진하고 국제적으로도 러일전쟁에 일본과 동등하게 참여하여 조선을 명실상부한 근대국가로 전환시켜보려는 구상을 했던 것으로 보여진다.

동학 농민혁명 운동 시기의 손병희가 급진주의 좌파적 근대국가 혁명 운동을 추진했었다면 1904년 러일전쟁을 전후로 손병희의 근대국가 혁명 사상은 일본의 명치유신을 모델로 한 우파적 근대화를 추진하였던 것으로 평가된다. 그러나 이러한 시도는 당시 국제정세에 대한 이해의 부족, 조선의 국가적 힘에 대한 주관적 평가, 주체적 역량의 부족 등으로 인해 실패하게 된다. 또한 손병희가 국가 지도자가 아닌 민간사회의 지도자였을 뿐이었던 측면도 근본적 한계로 작용한다. 그리고 이 시기 국내 사회개혁 운동 추진을 목표로 조직하였던 '진보회' 활동은 조직의 핵심이었던 친일파 이용구의 배신 등으로 인해 실패하게 된다. 이후 손병희는 1906년 귀국 이후 이용구 등 친일파 축출과 동학의 천도교로의 전환 등에 기초하여 새로운 근대국가 혁명 운동을 준비하게 된다.

평화적 근대국가 혁명 운동 3·1독립만세운동의 의미

세계 1차 대전 종전과 함께 제기된 미국 윌슨 대통령의 민족자결주의는 본질적으로는 세계 1차 대전 승전국들의 전후 세계질서 재편을 위한 논리였지만, 민족자결주의 정신은 아시아, 아프리카, 라틴아메리카 식민지 민중들을 포함하여 세계적인 차원에서 상당한 영향을 끼치게 된다. 한국의 지식인, 민중들에게도 크게 영향을 끼쳤으며 그 중심에 손병희가 있었다. 3·1독립만세운동 바로 직후인 1919년 4월 「반도시론」이라는 잡지에 실린 '조선 문제의 중심 손병희의 반생(半生)'이라는 글은 1919년을 전후로 조선 문제의 해결 즉 한국의 근대국가 혁명 운동 과정에서 손병희가 그 중심에 서 있었음을 분명하게 보여주고 있다.

3·1독립만세운동은 일본 제국주의로부터 독립의 의지를 평화적이면서도 강렬하게 보여주었을 뿐만 아니라 국가적으로는 근대국가 혁명 운동의 성격을 가지고 있었다. 손병희가 명실상부하게 지도적 역할을 하였던 3·1독립만세운동은 역사적으로 몇 가지 중요한 의미를 지니

고 있다.

첫째, 손병희를 중심으로 한 동학 세력은 한국의 근대국가 혁명 운동 역사에서 1894년 동학 농민혁명 운동과 1904년 러일전쟁 시기를 거쳐 3·1독립만세운동에서 평화적 근대국가 혁명 운동을 성공시켰다는 역사적 의미를 가진다. 앞서 살펴본 대로 동학 농민혁명 운동은 그 주체의 사상적, 물질적 준비 부족과 외세의 개입으로 좌파 급진주의적 개혁운동의 실패로 귀결되었다. 이후 손병희를 중심으로 한, 동학 세력은 일본의 명치유신 방식의 개화 즉 우파적 근대국가 혁명을 1904년 러일전쟁을 배경으로 '진보회' 활동 등을 통해 추진하였으나 이 역시 실패하였다.

이러한 두 번의 동학 중심의 근대국가 혁명 운동의 실패는 새로운 근대국가 혁명 운동을 추진하는 밑거름 역할을 하게 된다. 그 중심에는 손병희가 주도한 동학의 천도교로의 개편, 확대와 천도교의 보성전문학교, 동덕학원 등을 통한 교육구국 운동이 있었다. 그리고 1917년 세계 1차 대전 종전과 함께 제기된 민족자결주의를 매개로 역사적인 3·1독립만세운동을 성공시킨 것이다. 3·1독립만세운동의 성공은 좌파적 근대화의 길, 우파적 근대화의 길을 넘어서서 중도회통적 사상에 기초하여 천도교, 기독교, 불교가 연대하고 평화적 시위운동을 전개한 것이 중요한 동력으로 작용하였다. 3·1독립만세운동의 결과 한국은 독립을 쟁취하지도, 식민지 지배 권력을 교체하지도 못했지만 독립과 민주공화제를 내세운 상해 임시정부 수립 등으로 발전되면서 절반의 성공을 거두었다고 할 수 있다.

3·1독립만세운동과 손병희의 민주공화제

둘째, 3·1독립만세운동의 정치적 목표는 민주공화제이었고, 이러한 정신은 상해임시정부의 기본이념으로 반영되었다. 3·1독립만세운동 직후 체포된 손병희는 재판 과정에서 판사의 "조선이 독립하면 어떤 정체의 나라를 세울 생각이었나?"라는 질문에 "민주정체로 할 생각이었다"고 답하였다고 한다. 이는 손병희 중심의 천도교 지도부, 이승훈 중심의 기독교 지도부, 한용운, 용성 스님 중심의 불교 지도부 등의 직·간접적 의사 표명 등을 통해 확인되어 온 것이다.

특히 손병희는 세계 1차 대전 종전 이후에는 세계적으로 군주제는 종언을 고할 것이라고 예견하기도 하였다고 한다. 이러한 3·1독립만세운동 지도부의 민주공화제에 대한 지향은 1919년 3·1독립만세운동 정신을 계승하여 수립된 상해임시정부의 기본 이념으로 작용하게 된다. 이 같은 독립운동 지도부 절대다수의 민주공화제 수용은 1894년 동학 농민혁명 운동 시기에 여전히 남아있었던 성리학적 세계관 즉 왕정체제에 대한 인정과 그 안에서 개혁을 추진하고자 했던 정치이념이 비로소 종언을 고하게 되었다는 의미가 있다.

셋째, 종교 간 대 연대를 통한 중도회통 사상과 평화적 근대국가 혁명 운동의 모델을 보여주었다. 3·1독립만세운동의 가장 중요한 특징은 그 주체 세력이 종교를 중심한 연대를 통해 형성되었다는 것이었다. 한국 민족 전통 종교인 천도교 세력, 서양 문명의 도입과 함께 들어온 기독교 세력, 동아시아의 대표적 종교인 불교 세력이 종교 간 차이를 초월하여 연대를 형성해서 독립운동과 근대국가 혁명 운동을 함께 성사시켰다는 것이다. 이는 세계 독립운동사, 근대국가 혁명 운동사에서 찾아보기 힘든 사례로 세계사적으로 높이 평가 받을 수 있는 운동이었다 할 수 있다. 조선왕조 500년을 주도해왔던 유교 세력과 한국에 서양문명의 초기 도입을 주도했던 가톨릭 세력은 조직적으로 참여하지 못하였으나 당시 한국 인구의 절대 다수인 수백만 명이 만세운동에 참여하였고 수만 명이 부상을 당하였으며 수천 명이 희생을 당하였던 시위 규모는 한국근현대사 최대 규모의 정치적 군중운동이었다고 평가될 수 있을 것이다.

그리고 이처럼 종교 간 연대를 통한 대규모 군중운동이 성공적으로 추진될 수 있었던 배경에는 3·1독립만세운동 지도부의 평화적 시위에 대한 확고한 원칙이 작용하였다고 평가된다. 3·1독립만세운동의 지도자 손병희는 독립선언서의 기초를 작성한 최남선에게 "되도록 온건하게 쓰라"고 여러 차례 요청하여 최남선의 초안보다 온건하게 수정되었다고 한다. 이는 3·1독립만세운동 직전 있었던 일본 도쿄 유학생들의 '2·8 독립선언서'의 '영원한 혈전을 선언한다' 식의 표현에서 '최후의 1인, 최후의 일각까지 의사를 쾌히 발표하라'라는 식으로 바뀐 것이었다. 이러한 3·1독립만세운동의 평화적, 비폭력적인 온건한 방법은 종교 간 연대를 실현하고 수백만 대중의 적극적인 참여를 이끌어낸 중요한 배경으로 작용하였다고 할 수 있다.

손병희의 근대국가 혁명 사상의 변화와 평화적 만세운동

손병희의 이러한 비폭력적 시위, 평화적인 독립운동과 근대국가 혁명 운동 시도는 손병희의 근대국가 혁명 사상의 중대한 변화를 보여주는 징표이다. 손병희는 주지하다시피 1894년 동학 농민혁명 운동 당시 남접의 지도자 녹두장군 전봉준과 함께 북접의 지도자로서 농민전쟁의 선봉에 서서 수십만 명의 부상자와 수만 명의 사망자를 냈던 한국 근대사의 근대국가 혁명 운동 최대 규모의 무장투쟁을 주도했던 인물이었다. 그 이후 손병희는 일본과 중국을 오가며 근대국가 문명을 새롭게 배우고 청일전쟁, 러일전쟁, 세계 1차 대전 등을 목격하면서 새롭게 자신의 근대국가 혁명에 대한 생각을 변화, 발전시켰다고 평가된다. 그러한 변화, 발전의 결과가 3·1독립만세운동에 반영되어 중도회통 사상을 기반으로 한, 종교 간 연대를 실현하고 나아가 평화적 근대국가 혁명 운동을 추진하게 만들었던 것이다.

이 같은 손병희의 민주공화제 사상, 평화적 근대국가 혁명 사상, 중도회통 사상에 기초한 종교 간 연대 사상은 한국 근현대사 속의 근대국가 문명으로의 전환을 위한 다양한 인물들의 실천과 노력 중에서도 높이 재평가되어야 할 가치들이라고 할 수 있을 것이다. 나아가 세계사적 흐름 속에서 평가하더라도 좌파급진주의 무장투쟁 지도자가 민주공화제를 목표로 종교 간 연대를 성공시키고 평화적 근대국가 혁명 사상을 실현한 사례는 높이 평가되어야 할 것이다.

한국의 손병희와 일본의 후쿠자와 유키치의 비교

후쿠자와 유키치는 1868년 아시아 최초의 근대국가 혁명이었던 일본 명치유신의 사상적 지도자로 평가되는 인물이다. 근대국가 혁명의 본질이 독립된 개인의 자유의 중요성에 대한 이해와 인간의 불완전성에 대한 이해에 기초한 국가경영에서 견제와 균형 원리의 중요성에 대한 이해라고 한다면 후쿠자와 유키치는 동아시아 최초의 근대인이었다고 할 수 있을 것이다. 그는 서양의 역사가 인간의 자유와 지덕(知德)의 확대 및 다원적 가치 수용을 통해 단계적으로 발전해온 반면 일본은 막강한 권력 아래 개개인이 종속되어 주체성을 상실한 채로 발전하지 못한 역사적 단계에 정체되어 있다고 보았다.

'일본의 역사는 일본 정부의 역사뿐이며, 국민의 역사는 없다'고 비판하였다. 또한 후쿠자와 유키치는 일본, 중국, 한국 모두 '반개국(半開國)' 또는 미개국인데 문명국가는 반개국 또는 미개국을 문명개화의 길을 가도록 하는 것이 문명국가의 도리라고 주장하였다. 그리고 서양 근대국가 문명을 먼저 수용하여 상대적으로 더 발전하고 있는 일본이 조선과 중국을 이끌어 나가야 한다는 인식을 가지고 있었다. 이에 따라 1884년 조선의 김옥균 등이 갑신정변을 일으켰을 때, 후쿠자와는 김옥균 등을 후원했다. 또한 1894년 청일 전쟁 때는 청일 전쟁을 '근대 문명'과 '고루와 구폐'가 동아시아에서 맞서는 싸움이자, 개화 노선을 걷는 일본과 유교 사상에 안주한 청나라의 대결이라고 규정하면서 일본의 입장을 적극 지지하였다.

동아시아 최초의 서양적 근대인 후쿠자와 유키치

나아가 청일 전쟁에서의 승리를 문명개화의 길로 나아간 일본의 승리로 해석하였던 것이다. 이러한 그의 서양 근대국가 문명에 대한 존중과 찬양은 1885년 '탈아론'을 쓴 신문 사설을 통해 확인되었듯이 일본은 서양의 문명국과 진퇴를 함께해야 하며 중국과 조선을 상대하는 데 있어서는 이웃 나라라 하여 특별히 배려할 필요 없이 서양인이 이들을 대하는 방식에 따라 처분해야 한다 라는 소위 '탈아입구론' 주장에서 극적으로 보여졌다.

그러나 그는 청일전쟁 이후 일본 정부의 국가주의적, 군국주의적 행보에는 비판적인 태도를 보였다. 개인주의자, 자유주의자, '사립'을 중시했던 그의 철학은 일관된 것이었다고 보여진다. 또한 청일전쟁 이후 일본정부가 독일식의 국가학에 입각한 정책들을 본격화하면서 미국, 영국식의 자유주의를 선호하였던 후쿠자와 유키치는 일본정부에 대한 비판적 태도를 지속하였다. 이러한 후쿠자와 유키치의 사상적, 실천적 행적은 그를 동아시아 최초의 근대인으로 평가하는데 부족함이 없다고 할 것이다.

특히 청일전쟁 이후 일본정부와 사회의 국가주의화 군국주의화의 흐름에 대해 근대국가 문명의 핵심인 개인의 자유의 중요성과 견제와 균형 원리의 중요성에 대한 철학적 이해에 기초하여 날카롭게 비판한 것은 동아시아 역사 전체적인 차원에서 높이 평가해야 할 것이다.

일본의 군국주의화에 대한 후쿠자와 유키치의 비판

일본의 근대역사에서 후쿠자와 유키치의 이러한 원칙적인 근대국가 문명에 대한 옹호는 수용되지 못하였다. 특히 1894년 청일전쟁 이후 일본국가와 사회 전체적으로 확산되었던 국가주의는 후쿠자와 유키치의 근대국가 문명에 대한 꿈을 좌절시키게 만들었다. 대신 새롭게 부상하는 일본의 국가주의를 뒷받침할 수 있는 새로운 관변 이데올로기들을 등

장하게 만들었다. 1894년 청일전쟁을 전후로 시작하여 1945년 일본제
국주의가 세계 2차 대전에서 패망하는 시기까지 대표적으로 일본 국가
주의 관변 이데올로그 역할을 한 인물이 이노우에 테츠지로(1856~1944)
이다.

  그는 1884~1890년 독일유학을 다녀온 뒤 도쿄제국대학 철학교수가
되었고, 1897~1904년 도쿄제국대학 문학부 학장, 제국학사원(帝國學士
院) 철학회 회장 등으로 일하면서 19세기 후반 군국주의화 제국주의화
의 길을 치닫던 일본의 대표적인 관변 이데올로그 역할을 했던 것이다.
그는 국가 이외의 권위에 대해서는 기독교를 포함하여 강력히 비판하면
서 천황제 국가를 일원론으로 옹호하였다. 철학적으로는 '현상 즉 실재
론'과 결합시켰다. 이에 따라 일원론에 도전하는 다양한 형태의 이원론
철학을 비판하기도 하였다. 그런데 '일본 양명학파의 철학(日本陽明學派
之哲學, 1900)'을 통해 주자 성리학을 비판하면서 양명학을 옹호하는 주
장을 하기도 하였는데, 이 주장의 근본 취지는 봉건시대 동아시아 철학
을 지배하다시피 해온 주자 성리학을 비판하면서 근대국가 제국인 일본
의 천황을 중심으로 한 일원론의 정당성을 주장하기 위함이었다.

  이노우에 테츠지로의 국가주의 옹호와 철학의 왜곡

  그러나 철학의 본질적 내용으로 보면 주자 성리학이 절대적 일원론

에 가까운 내용이고 양명학이 다원론에 가깝다고 할 수 있다. 결국 일본이 제국주의로 치닫던 시기에 관변 이데올로그 역할을 했던 철학자들의 주장은 단지 자신들의 정치적 주장을 합리화하기 위한 수단에 불과했음을 보여주는 사례이다. 이시기 일본에서는 불교의 대표경전인 화엄경의 '일중일체다중일(一中一體多中一)' 즉 '하나 속에 전체가 있고 여러 만물 속에 하나가 있다' 의 철학을 하나는 전체를 위하여 라는 전체주의 주장을 옹호하는 수단으로 주장하기도 하였는데, 이 역시 근본적으로 잘못된 것이다.

『화엄경』의 '일중일체다중일(一中一體多中一)'은 화엄경의 핵심 철학을 표현하는 구절인 '일미진중함시방(一微塵中舍十方)' 즉 '하나의 티끌 안에도 온 사방 우주를 포함하고 있다'는 내용과 연관해서 이해해야 한다. 『화엄경』의 '일미진중함시방(一微塵中舍十方)'은 근본적으로 인간을 포함한 만물 하나하나는 온 우주를 다 포함하고 있기에 모든 인간과 만물을 존중하는 사상으로 발전시켜온 불교를 대표하는 『화엄경』의 핵심 철학이라 할 수 있다. 이는 동학의 인내천(人乃天) 즉 '사람이 곧 하늘이다'는 사상과도 일맥상통하는 내용이다. 그런데 이러한 내용을 왜곡하여 일본제국주의의 전체주의를 옹호하는 것으로 정치적으로 이용하였던 것이다.

청일전쟁 이후 일본은 이처럼 제국주의로 치닫는 과정에서 후쿠자와 유키치의 독립된 개인의 자유를 존중하고 견제와 균형의 원리를 핵심으로 하는 자유민주주의 근대국가 문명에 대한 주장은 갈수록 힘을 잃게 되고 이노우에 테츠지로와 같은 제국주의 관변 이데올로그들이 일본의 정치 사상을 주도하게 된다. 이러한 흐름은 결국 세계 2차 대전 발발과 일본제국주의의 패망으로 귀결된다. 그리고 일본의 정치사상계는 1945년 일본제국주의 패망 이후 승전국 미국의 영향을 받으면서 일본의 '근대성' 문제를 깊이 연구하여 현대 일본 사회과학계의 천황으로까지 불렸던 마루야마 마사오(1914~1996) 등에 의해 후쿠자와 유키치에 대한 재평가가 이루어진다. 이러한 과정을 거쳐 후쿠자와 유키치는 일본 근대화와 일본 자유민주주의 근대국가 문명의 상징적 인물로 부활했던 것이다.

미완의 동아시아 근대국가 혁명가 후쿠자와 유키치

그러나 후쿠자와 유키치가 1885년 주장하였던 '탈아입구론'은 그의 철학적 한계를 보여준 것이었다. 그의 탈아입구론은 일본은 개명하지 못한 아시아를 벗어나서 선진적인 서양문명으로 편입해야 한다는 것이었다. 그의 주장은 1894년 청일전쟁 이후 일본제국주의의 이데올로그가 된 이노우에 테츠지로가 후발제국주의 국가로 국가주의 성향이 강했던 독일모델을 선호했던 반면에 상대적으로 자유민주주의 가치를 중시했던 영국과 미국 모델을 선호했던 특징이 있었다.

그러나 세계사 속에서 자유민주주의 근대국가 문명을 선도했던 영국과 미국이 상대적으로 자유민주주의 가치를 중시하기는 했지만 그들이 아시아, 아프리카, 라틴아메리카 식민지를 대하는 태도는 다른 제국주의 국가들과 크게 다르지 않았다. 대표적으로 역사상 가장 부도덕한 전쟁 중 하나로 꼽히는 1840년 전후의 아편전쟁은 영국제국주의의 아시아 침략의 문제점을 드러낸 것이었다. 제국주의가 식민지를 개척하는 과정에서 수단과 방법을 가리지 않는다는 것을 상징적으로 보여준 사건이었다. 이에 대해 동학을 창시한 최제우는 이러한 소식들을 전해 듣고 '서양은 싸우면 이기고 치면 빼앗아 이루지 못하는 일이 없으니'라고 하면서 서양 제국주의에 대한 비판적 사고를 드러내기도 했던 것이다.

그런데 후쿠자와 유키치는 후발 제국주의 국가인 일본이 상대적으로 조금 더 합리적인 영국과 미국을 모델로 삼아야 한다는 정도의 인식을 가지면서 '탈아입구론'을 주장했던 것이다. 따라서 후쿠자와 유키치의 '탈아입구론'은 근본적으로 두 가지 문제를 안고 있다.

먼저 그의 서양문명에 대한 인식이 발전 중심적 사관에 머물러 있었던 것이다. 그가 비록 독립된 개인의 자유를 중시하는 등 자유민주주의 근대국가 문명의 본질을 이해하는 깊이 있는 사고를 보여주었지만 역사적 맥락에서 볼 때 영국과 미국을 포함한 서양 제국주의 국가들의 침략

성과 특히 식민지에 대한 약탈성을 간과했다고 보여진다. 이에 따라 당시 동아시아 정세에서 한국과 중국에 대해 아직 미개하기 때문에 일본이 이들을 일방적으로 이끌어 나가야 한다는 인식을 보여주었다. 1884년 갑신정변의 주역 김옥균을 지원하는 등 긍정적 요소도 없지 않았으나 근본적인 철학이 후발 제국주의 국가인 일본은 먼저 개명하였기 때문에 한국, 중국을 일방적으로 지도하고 이끌어야 한다는 독선적 태도를 보였다는 문제점을 안고 있다.

결국 이노우에 테츠지로가 '강성 제국주의론'을 주장한 것이었다면, 후쿠자와 유키치는 '연성 제국주의론'을 주장한 차이 정도에 불과했다고 할 수 있다. 그는 서양 제국주의의 부도덕한 전쟁이었던 아편전쟁에 대해서 명확히 비판하지도 않았고, 동학 농민혁명 운동 최대의 비극이었던 '우금치 학살 사건'에 대해서도 분명히 비판했다는 기록은 찾아보기 힘들다.

후쿠자와 유키치의 손병희에 대한 영향과 한계

그리고 한국의 손병희는 1900년대 초, 일본 방문시 후쿠자와 유키치로부터 영향을 받았던 박영효를 만나는 것 등을 통해 후쿠자와 유키치의 개화사상을 간접적으로 수용했다고 할 수 있다. 그 결과 1904년 러일전쟁을 전후로 하여 일본식 개화운동을 추진하기도 하였으나 정세판단의 문제와 주체역량의 한계, 친일파 이용구 문제 등으로 인해 실패하게 된다. 이후 새롭게 동학을 천도교로 개편하면서 유교, 불교, 도교를 통합했던 전통적 동학사상에 더해 기독교, 가톨릭 등에 대한 이해를 포괄하려는 노력을 했고, 나아가 한국적 근대국가 혁명 운동에 대한 고민을 심화, 발전시키게 된다. 그 성과가 모여져 1919년 중도회통 사상에 방문이 천도교, 기독교, 불교계의 대 연대를 성사시키게 되었고 민주공화제를 목표로 한, 평화적 근대국가 혁명 운동이었던 3·1독립만세운동을 성공적으로 이끌었던 것이다.

다음으로 동양문명, 동양 사상에 대해 경시했던 문제가 있었다. 그는 19세기 동아시아인 중에서 최초의 서양적 근대인으로 평가할 수 있을 정도로 세계사 속의 자유민주주의 근대국가 문명을 깊이 이해한 인물이었다. 반면에 그는 '탈아입구론'에서 상징적으로 드러나듯이 동양문명의 긍정적 요소에 대한 깊이 있는 이해는 부족했다고 평가된다. 일본은 한국, 중국과 비교할 때 동아시아 국가에서 가장 먼저 자유민주주의 근대국가 문명을 수용해왔다. 한국과 중국이 가톨릭 예수회 신부인 마테오 리치와 같은 인물들을 통해 17세기 초반 이래로 서양문명을 수용해온 반면에 일본은 17세기 초반부터 네덜란드 상인과 영국인 항해사와 같은 인물들을 통해 서양문명을 수용한 차이가 있었다.

한국, 중국과 일본의 서양 근대국가 문명 수용의 차이점

그런데 자유민주주의 근대국가 문명은 16세기 종교개혁 운동을 주도한 프로테스탄트들이 선도, 주도하였고 이들이 1688년 영국의 명예혁명, 1776년 미국의 독립혁명도 이끌었다. 후쿠자와 유키치는 바로 이러한 자유민주주의 근대국가 문명의 주류 세력 중 하나였던 네덜란드인들의 전파로 만들어졌던 난학을 거쳐 미국 방문 등을 통해 영국과 미국 중심의 정통 자유민주주의 근대국가 문명을 수용했던 것이다. 반면 한국과 중국의 지식인들은 가톨릭 예수회 소속 즉 마테오 리치 즉 프로테스탄트들을 중심으로 종교 개혁이 유럽 전체에 확산되어가자 이에 대응하기 위해 가톨릭 내부 개혁운동 차원에서 만들어졌던 예수회 신부들을 중심으로 한, 세력으로부터 서양 근대국가 문명을 수용했던 것이다.

이러한 일본과 한국, 중국 사이의 근본적 차이는 19세기 동아시아 삼국이 근대국가 혁명 운동을 전개하는 과정에서 심대한 영향을 끼쳤다고 할 수 있다. 이러한 차이는 후쿠자와 유키치를 동아시아 최초의 서양적 근대인으로 만들었던 긍정적 배경이었던 반면에 동양문명과 동양 사상을 상대적으로 경시하게 만든 배경이었다고 평가된다. 이러한 후쿠자와 유키치의 동양문명과 동양 사상에 대한 경시는 필연적으로 한국과 중국에 대해 무시하는 태도로 연결되었다고 할 수 있다.

손병희의 동학사상과 서양 기독교 간 융합을 위한 노력

반면에 한국 근대국가 혁명 운동의 대표적 지도자이고 동아시아의 선각자였던 손병희의 경우, 1894년 동학 농민혁명 운동의 실패 이후 근대국가 문명을 배우기 위해 1900년대 초에 일본과 중국을 오가면서 비로소 세계사적 흐름 속에서 전개되었던 근대국가 혁명 운동과 그 배후에서 역할을 한 기독교, 가톨릭에 대한 이해까지 하게 되었던 것이다. 그 결과가 유교, 불교, 도교를 통합한 동학사상을 더 발전시켜 기독교, 가톨릭에 대한 이해까지 포괄한 손병희의 『천도태원경』이다.

핵심적으로는 유교, 불교, 도교 즉 전통적인 동양문명, 동양 사상의 장점을 계승하면서도 자유민주주의 근대국가 문명과 연관된 기독교, 가톨릭 등의 내용까지 포괄적으로 이해하려 노력했다는 것이다. 이러한 그의 사상적 변화가 3·1독립만세운동을 민주공화제를 목표로 한, 평화적 근대국가 혁명 운동으로 발전시켰고, 기독교, 불교와의 연대를 통해 독립만세 운동을 대규모 군중시위운동으로 성공할 수 있게 만들었던 것이다.

동도서기론의 문제점과 후쿠자와 유키치 그리고 손병희

19세기 이래로 현재까지도 한국과 중국에서 많이 논의되어 온 동도서기론(東道西器論)은 많은 한계를 보여 왔다. 왜냐하면 동도서기론을 주장해온 대부분 지식인들이 동도의 본질적 장점, 단점이 무엇인지, 서기(西器) 즉 서양문명이 동양을 앞서게 된 원인이 무엇인지, 서양문명의 장점과 단점이 무엇인지에 대한 정확한 이해가 없는 상태에서 주장해왔기 때문이다. 이러한 동도서기론은 여러 가지 문제를 야기시킬 뿐이다.

서양문명이 동양문명을 앞서게 된 가장 근본적 원인은 1688년 영국의 명예혁명, 1776년 미국의 독립혁명을 이끌었던 자유민주주의 근대국가 문명을 설계한 존 로크, 애덤 스미스, 토마스 제퍼슨, 에드먼드 버크의 새로운 철학 사상이 있었기 때문이었다. 그 핵심은 인간의 자유에 대한 존중과 불완전성에 대한 이해에 기초한 견제와 균형의 원리를 국가 경영에 적용한 것이다. 이에 따라 자유권, 생명권, 재산권, 행복추구권을 보장받은 새로운 시민들이 자신의 자유와 행복을 위해 무한경쟁하며 물질문명을 발전시켰던 것이다.

이에 따라 자유민주주의는 산업혁명과 결합되어 자본주의 물질문명의 폭발적 발전을 가져오게 되었던 것이다. 이러한 서양 근대국가 혁명의 역사를 모른 채 서양의 기술과 물질문명의 성과만 수용하겠다는 동도서기론은 서양문명의 껍데기만 알고 있는 것이라 할 수 있다. 그런 면에서 후쿠자와 유키치는 동아시아인들 중에서 서양의 자유민주주의 근대국가 문명을 가장 깊이 이해했던 동아시아 최초의 서양적 근대인이라 평가할 수 있을 것이다.

자유민주주의 근대국가 문명과 제국주의의 빛과 그늘

그러나 다른 한편으로 후쿠자와 유키치는 자유민주주의 근대국가 문명이 자본주의의 성장과 함께 제국주의가 되면서 식민지 쟁탈전에 나서고 이에 따라 발생한 많은 아시아, 아프리카, 라틴아메리카 식민지 민중들의 고통은 간과했던 것이다. 동아시아 관점에서 본다면 서양 근대국가 혁명 운동의 본질을 정확히 이해함과 동시에 동도(東道) 즉 동양 사상의 장점과 단점을 정확히 이해해서 이를 서양 근대국가 문명과 접목시키는 노력이 핵심적으로 중요하다고 할 수 있다.

동양 사상의 핵심적 장점은 인간의 깨달음과 관련한 인간에 대한 깊은 이해와 이에 기초하여 인간관계와 공동체 문제에 대한 깊은 철학적 내용이라 할 수 있다. 예를 들어 최제우의 인즉천(人卽天) 사상, 최시형의 아이를 때리는 것은 하늘을 때리는 것과 같다는 사상, 손병희의 인내천(人乃天) 사상과 그의 사위 방정환이 어린이를 하늘처럼 대하자는 철학으로 어린이날을 만들었던 철학 등을 이해할 필요가 있다.

  힘이 강하고 약하다고 해서 차별하지 않고 동등하게 존중하는 이러한 사상에 기초한다면 먼저 개명한 일본 중심적 사고에서 한국을 미개하다고 치부하면서 경시하는 등의 태도는 나오지 않았을 것이다. 손병희가 1919년 3·1독립만세운동을 추진하면서 고민했었던 내용이었다고 할 수 있다. 그것이 비록 미완성이고 불완전한 수준이었지만 역사적으로 큰 의미를 가지는 시도였고, 이는 21세기 오늘의 현실에 맞게 발전시켜야 할 핵심적 과제라고 할 수 있을 것이다.

  동도서기론, 근대화론에 대한 중도 즉 진공묘유적 이해가 중요

  한국의 좌파는 일본의 후쿠자와 유키치를 적대시하거나 폄하하는 경향이 있고, 한국의 우파는 후쿠자와 유키치를 높이 평가하는 경향이 있다. 특히 소위 뉴라이트 등에서는 후쿠자와 유키치를 높이 평가함과 동시에 식민지근대화론을 옹호하기도 한다. 이는 현상적 발전 만능주의 편향이고 식민지 국가 국민들 입장에서는 일부 지식인들의 한심한 관념적 주장이자 매국적 주장이라고 비판받을 내용들이다.

  소위 좌파이론을 대표하는 마르크스도 인도의 식민지 지배가 인도

의 근대화에 기여하였다는 주장을 하였다가 후대에 비판되었듯이 자신이 직접 식민지 국민으로서 고통을 당하는 경험이 없는 조건에서 식민지 국민의 입장을 대변하는 사상, 이론을 형성, 발전시킨다는 것은 좌파이건, 우파이건 거의 불가능에 가깝다. 이는 역사적으로 증명된 것이다. 기껏해야 동정심을 조금 더 표현하는 정도였을 뿐이다. 좌파 사회주의 이론에서도 식민지의 계급문제, 민족문제에 관한 문제는 식민지 현실에서 투쟁하던 모택동의 '모순론, 실천론'에서 비로소 정리되었던 것이다.

자유민주주의 근대국가 문명의 관점에서 보더라도 식민지 근대화론은 잘못된 이론이다. 제국주의의 식민지 개척과 착취는 제국주의 국가들의 경쟁 과정에서 제국주의 국가들의 이기적 요소가 강력히 작동하여 진행되었다. 이에 따라 거칠게 평가해보면 제국주의 국가들의 식민지 지배과정에서 착취적 요소가 70%정도 작용하였다면, 그 진행 과정에서 결과적으로 근대화에 기여한 요소가 30%정도 나타났다고 평가할 수 있을 것이다. 그것은 한국의 경우만 하더라도 식민지 시기에 70%정도 착취를 당하면서 일부 30%정도 근대화가 실현된 측면도 있다. 그러나 8·15해방 이후 자율적 근대국가 문명으로 전환을 위한 노력을 했을 때 식민지 시기와는 비교하기 힘들 정도의 빠른 속도와 규모로 근대화를 이루어낸 결과들만을 봐도 식민지 근대화론이 잘못되었다는 것은 확인할 수 있는 것이다.

후쿠자와 유키치에 대한 평가는 '식민지 근대화론'과 같은 일부의 편향된 논리와 분리해서 동아시아 국가들이 자유민주주의 근대국가 문명으로의 전환을 모색하는 단계에서 서양문명을 누구보다 앞서서 이해했으며 특히 19세기에 동아시아인으로서는 최초로 독립된 개인의 자유의 중요성을 설파했던 의미를 제대로 이해하는 것이 중요할 것이다. 그리고 다른 한편으로 동양 사상에 대한 경시나 한국, 중국에 대해 무시하는 경향을 보였던 측면도 균형 잡히게 이해해야 할 것이다. 후쿠자와 유키치에 대한 이해도 중도 즉 진공묘유적 이해가 필요한 것이다.

한국의 손병희와 중국의 손문 비교

19세기 말 서세동점이 본격화되던 시기에 중국에게 가장 충격적 사건은 1894~1895년 청일전쟁에서 일본한테 패배한 것이었다. 몽골제국 패망 이후 500년 가량 아시아의 패권국가로 군림하던 중국이 아시아의 신흥 근대국가이자 후발 제국주의로 등장하고 있던 일본에게 패배한 것은 동아시아 정세 대변동의 출발점이 되었다. 청일전쟁의 패배는 중국의 지식인들에게 근대국가 혁명 운동을 촉발시켰던 가장 큰 정치적 계기였으며 그 과정에서 중심적 역할을 한 인물이 손문이다.

그의 성장배경은 마카오 근처 광동성 농부의 아들로 태어나 동양문명과 서양문명이 만나는 중간 지대에서 경계인적 성격이 강한 문화적 영향을 받았다고 할 수 있다. 고향에서는 전통적 교육을 받았으나 고향 근처에 있고 서양문명의 전파자 역할을 했던 마카오, 홍콩의 문화적 영향을 많이 받았다고 하며 청년시절에는 호놀룰루에 있는 대학에서 기독교와 서양학문에 대해 배우기도 했다. 이후 서양인이 운영하는 의과 대학을 나와 의사가 되었다. 정치활동의 시작은 청일전쟁 패배를 계기로 청나라 왕조를 타파하기 위한 '흥중회'라는 조직 활동이었는데, 광둥에서의 봉기가 실패하여 수배자가 되어 일본, 하와이, 샌프란시스코, 런던 등을 다니면서 혁명 활동을 하였다.

중국의 청일전쟁 패배와 근대국가 혁명 운동의 본격화

1905년에 '중국혁명동맹회'를 결성하고 삼민주의를 제창하면서 청나라 전복과 민주 공화국건설을 목표로 하였으며 외세추방과 토지 재분배 등을 주장하였다. 삼민주의는 민족, 민권, 민생주의로 구체화되었다. 그런데 1907~1911년 사이에 손문 지지자들이 중국 남부에서 일으켰던 봉기들은 실패하였는데, 1911년 우한 혁명파들의 봉기가 전국적으로 확산되면서 신해혁명이 일어나게 되었다.

신해혁명의 결과 청나라는 전복되었고 1911년 12월 상하이에서 손문이 임시정부의 대총통으로 선출되었고 중화민국의 성립을 선포하였지만, 혁명 주체혁량의 한계로 인해 원세개 등에 의해 권력을 빼앗기게 되어 결국 신해혁명은 실패하게 된다. 이에 따라 손문은 다시 수배자가 되어 1913년 일본으로 망명하게 된다. 이후 손문은 1911년 '멸만흥한(滅滿興漢)' 즉 만주족이 세운 청나라를 타도하고 한족이 중심이 된 새로운 국가를 세운다는 주장으로 상징되는 한족민족주의에 기반한 삼민주의 주장에서 1917년 러시아 혁명의 영향을 받아 1920년대부터는 사회주의 적 성향이 강화된 신삼민주의로 변화하게 되며 국민당과 공산당 간의 반 제국주의 국공합작을 실현하게 된다.

신해혁명의 실패와 손문의 친사회주의화

손문은 기본적으로 민족주의 사상을 근간으로 하면서 사회주의적 요소도 결합하여 근대 민족국가를 건설하려는 것이었다. 특히 사망 직전 국공합작을 실현시켰던 1924년에 주장된 신삼민주의는 민족주의의 측면에서는 제국주의에 반대하는 민족의 자유와 평등을 강조하면서 소련과의 연대와 용공(容共)으로 까지 나갔다. 그리고 민권의 측면에서 보통선거제를 수용하였고 특히 민생의 측면에서 '토지개혁' 등을 포함하여 친사회주의적 성향을 포함하였다. 그런데 그의 주장과 행동을 종합해보면 본질적으로 한족 민족주의와 중국정치에 지대한 영향을 끼쳐온 유교 사상적 요소가 혼합되어 근대민족국가혁명을 추진했다고 할 수 있으며 후기에는 1917년 러시아 혁명 등의 영향을 받아 친사회주의적 성향을 보였다고 할 수 있다.

이러한 손문 사상의 핵심인 민족주의는 공산주의자 모택동 등에게서도 나타난다. 『중국의 붉은별』로 유명한 에드가 스노우에 의하면 모택동이 장개석과의 전쟁에서 승리하면 반드시 조선반도에 대한 종주권을 회복하겠다고 하였다고 한다. 손문의 후계자 장개석 역시 강한 민족주의자였는데, 1941년 김구 주도 대한광복군 결성시 부분적 지원을 하면서 중국 군대에 대한 종속적 조건을 걸기도 하였다. 특히 1911년 신해혁명에서 손문으로부터 권력을 빼앗은 원세개는 1884년 갑신정변 개입을 계기로 조선 정치에 대한 간섭을 시작하여 1894년 청일전쟁에서 일본에 패배할 때까지 약 10년 간 총독정치와 같은 횡포를 부리기도 하였다.

중국의 좌파, 우파를 넘어선 중화민족주의

이러한 근대사 속의 중국의 한국에 대한 간섭과 예속화는 조선 건국 때부터 시작된 친중 사대주의, 소중화 사상과 결합된 뿌리 깊은 조선의 고질적 문제와 연관된 문제였다. 이러한 조선의 대중국 종속 문제는 동아시아의 근대국가 혁명 운동과 연계되어 점차 타격을 받다가 1894년 청일전쟁에서 중국이 일본에 패배함으로써 결정적으로 약화되었다.

일본의 후쿠자와 유키치와 한국의 손병희를 간접적으로 연결해준 인물이 갑신정변 주역 중 한명인 박영효였다면, 중국의 손문과 한국의 손병희를 간접적으로 연결해준 인물은 최동오(1892~1963)이다. 그는 손병희가 동학 농민혁명 운동 패배 이후 심화된 탄압을 피해 새로이 포교활동을 강화하였던 평안북도 의주의 천도교 집안에서 태어나 3·1독립만세운동에 적극 참여하여 옥고를 치르기도 하였다. 이후 그는 상해임시정부 등에서 안창호, 김규식 등과 독립운동을 하였으며 8·15해방 이후에는 김구, 김규식과 남북협상에 참여하였다.

손병희와 손문의 간접적인 연결고리 역할을 했던 최동오

그런데 그가 천도교 종교활동과 함께 근대국가 혁명 운동에 적극 참여하게 된 동기는 손문이 지도자 역할을 하였던 신해혁명이었다고 한다. 그는 1912~1913년 만주를 포함한 중국의 여러 지역을 돌아다니며 천도교 포교활동을 하다 신해혁명 후 변화되는 중국을 현장에서 목격하면서 신해혁명이 봉건왕조를 타도한 공화혁명이자 한족이 만주족의 국가인 청나라를 전복한 민족혁명으로 이해하게 되었다고 한다.

이러한 경험에 기초하여 그는 사회의 전체적 변화를 위해서는 종교적 교화와 함께 사회혁명 운동에 참여해야 함을 자각했다고 한다. 그는 만주에서 독립운동 과정에서 교육구국운동 차원에서 1925년 화성의숙을 건립하기도 했는데 여기에서 김일성과 사제지간의 인연을 맺기도 한다. 이러한 인연이 작용하여 그의 아들 최덕신은 육군중장, 외교부장관을 역임한 뒤 월북하여 북한에서 천도교 청우당 중앙위원장을 지내게 된다.

19세기 후반과 20세기 초반 서세동점이 본격화되고 제국주의 국가들의 식민지화 정책이 한국과 중국에 눈앞의 현실로 닥쳤을 때 한국의 손병희와 중국의 손문 등 식민지, 반식민지국가들의 선각자, 지식인들의 사상적 무기는 우선적으로 민족주의가 중요하게 작용하였다. 손병희가 주도하였던 한국의 동학 농민혁명 운동은 보국안민, 3·1독립만세운동은 나라의 독립과 근대 민족국가 건설이었고 손문이 중요한 역할을 하였던 중국의 신해혁명은 멸만흥한에 기초한 한족 중심의 근대 민족국가 건설이었다.

한국과 중국의 뒤늦은 근대 민족국가 건설의 꿈

이러한 한국과 중국의 근대 민족국가 건설의 꿈은 21세기인 오늘날까지도 여전히 남아있다. 한국은 1945년 8·15해방 이후 남과 북이 우파적 근대화와 좌파적 근대화를 목표로 상호체제 경쟁을 해왔으며 각자 자기중심적으로 통일된 현대 민족국가의 완성이라는 정치적 목표를 지향하고 있다. 중국은 1949년 대륙에는 사회주의 중국이 건설되었고 손문의 후계자 장개석이 대만으로 쫓겨나 건설한 대만 중화민국과 역시 체제 경쟁을 해왔다. 특히 21세기에 미국과 패권경쟁을 다툴 정도로 성장한 중국공산당은 중화민족주의에 기초한 통일된 중화민족통일국가 건설을 구체적 목표로 추진하면서 대만은 미중패권전쟁의 핵심 무대가 되고 있다.

2019년 「포린 어페어스」가 세계2차 대전 종전 이후 처음으로 신민족주의에 관한 특집을 다룬 배경에는 21세기 중화민족 패권주의의 부상과 미국중심의 세계질서에 대한 도전, 러시아·인도·터키 등 주요 국가들의 민족주의의 부상, 영국의 유럽연합 탈퇴와 미국의 경제민족주의, 경제애국주의의 부상등과 관련되었다.

21세기 미중신냉전시대와 신민족주의의 등장

'월스트리트저널' 칼럼니스트 월터 러셀 미드는 서양 지식인사회의 민족주의에 대한 몰이해나 의도적인 자기중심적 무시와는 무관하게 현실적으로 21세기 세계는 민족주의의 새로운 부상과 이에 따른 세계질서의 대변동이 진행되고 있다고 주장해왔다. 특히 20세기에 민족국가를 완성하지 못했거나 불완전했던 아시아·아프리카·라틴아메리카·중동·동유럽 국가 등에서는 민족국가의 형성이나 완성을 위한 다양한 활동이 전개되고 있음을 밝혀왔다. 이러한 맥락에서 최근 중국공산당의 대만 흡수에 기초한 중화민족통일국가의 완성을 위한 움직임과 북한의 북핵을 앞세운 북한주도 민족통일국가의 완성을 위한 움직임은 동아시아 정세의 근본적 변동과 더불어 세계질서 전체의 대변동을 가져올 중대한 역사적 사건들이 될 것이다.

그런데 이러한 한국과 중국의 근대 민족국가 건설을 위한 초기과정에서 핵심적 역할을 하였던 손병희와 손문의 민족주의 사상에서는 공통성과 더불어 차이점이 존재하였다.

먼저 손문의 민족주의 사상은 핏줄중심의 민족주의, 한족중심의 민족주의적 성격이 강하였다면 손병희의 민족주의 사상은 문화 중심적 민족주의 성향을 보여주었다. 손문이 중요한 역할을 한 신해혁명은 '멸만흥한' 즉 청나라를 건설한 만주족을 타파하고 한족 중심의 근대국가를 세우겠다는 것을 가장 중요한 정치적 목표로 내세웠다. 한족이라는 핏줄 중심의 민족주의 성향이 매우 강하였다고 할 수 있다.

손병희의 문화 중심 민족주의와 손문의 핏줄 중심 민족주의

반면에 3·1독립만세운동의 지도자 손병희는 만세운동 준비와 진행 과정에서 서양문명의 첨병역할을 하였던 기독교와 깊이 대화하고 연대하면서 공동투쟁을 전개하였다. 3·1독립만세운동의 지도부는 전체적으로 보아 민족독립과 근대국가 건설을 목표로 한 민족주의를 가장 중요한 이념으로 가지고 있었던 것은 사실이지만 민족 전통종교인 천도교와 서양문명의 핵심인 기독교가 상호 연대하여 전체 투쟁을 이끌었다는 특징이 있다. 이는 손병희 등 3·1독립만세운동 지도자가 민족주의를 핏줄을 넘어서서 문화 중심으로 이해하려 했던 내용적 요소가 중요하게 작용하였다고 평가된다.

다음으로 손문의 민족주의 사상은 1917년 러시아 혁명 이후 사회주의적 민족주의로 변화되었다고 할 수 있다. 그 결과 소련과의 연대, 공산당의 용인, 토지개혁 등의 주장을 하였고, 1924년 1차 국공합작을 실현시켰다. 이러한 손문의 사회주의적 민족주의는 결국 1949년 모택동 주도 공산당의 사회주의 국가인 '중화인민공화국' 건설로 귀결되었다.

손병희의 중도적 민족주의와 손문의 사회주의적 민족주의

반면에 손병희의 민족주의는 앞서 살펴본 대로 동학 농민혁명 운동 시기에는 급진주의 좌파적 근대화를 추진하였으나 1904년 러일전쟁 시기에는 일본의 명치유신 방식의 우파적 근대화를 선호하는 경향을 보이다가 1919년 3·1독립만세운동 시기에는 중도회통 사상에 기초하여 민주공화제를 목표로 한 평화적 근대국가 혁명 운동가로 변화하였다. 손병희는 또한 중도회통 사상에 기초하여 천도교, 기독교, 불교 간의 종교 간 대 연대를 성사시키기도 했다. 이러한 손병희의 중도회통 사상에 기초한 민족주의 사상의 개방성, 포용성은 동아시아 민족주의 역사에서 높이 평가되어야 할 요소라고 할 수 있을 것이다.

한편 동아시아 근대 시기의 대표적인 근대국가 혁명가들이었던 한국의 손병희, 일본의 후쿠자와 유키치, 중국의 손문 3인 모두에게 공통적으로 나타났던 특징은 교육구국운동이었다. 자신의 조국이 근대국가 문명으로 나가기 위해서는 교육이 핵심적 요소가 될 것이라는 자각과 연관되었다고 할 수 있다.

손병희, 후쿠자와 유키치, 손문의 공통점인 교육구국운동

손병희는 1906년 동학을 천도교로 개편한 이후 포교활동과 함께 교육활동에 집중하였다. 특히 여러 교육기관을 설립하여 교육사업을 전개하다가 1905년 설립된 보성전문학교(현 고려대학교)가 재정난 등으로 어려움을 겪자 1911년 인수하여 본격적인 교육구국운동에 나서게 된다. 이후 보성전문학교 학생들은 천도교와 함께 3·1독립만세운동의 핵심부대로서 역할을 하게 된다.

일본 근대화의 사상적 지도자 후쿠자와 유키치는 명치유신이 일어난 1868년에 경응의숙(慶應義塾, 현 게이오대학)을 설립하여 일본을 근대문명 강국으로 선도하는 것을 교육 목표로 내세우고 서양 문명을 철저히 가르치는 '양학' 교육을 중심에 두었으며 일본 근대화 과정에서 많은 인재들을 배출하였다. 중국의 손문은 1924년 광저우에 중산대학을 세워 중국 화남지역 최고의 대학으로 키웠으며, 중국의 대표적인 지식인 작가 루쉰(魯迅) 등이 교수로 활동하였다.

이러한 동아시아 삼국인 한국, 일본, 중국의 대표적인 근대국가 혁명운동가들의 교육구국사업은 동아시아인들 전체의 교육중시 사상으로 확산되었다. 이러한 한국, 일본, 중국의 교육중시 사상은 동아시아 국가들이 서양 국가들과 비교하여 뒤늦게 근대국가 문명에 참여하였음에도 불구하고 빠른 속도로 서양 근대국가 문명을 따라잡고 대등하게 경쟁할 수 있게 만든 가장 중요한 토대가 되었다고 할 수 있다.

맺은말

21세기 중도 사상과 평화

동학과 근대국가 문명 간의 융합이 21세기 중도 사상

21세기는 미중 신냉전시대이다. 미중 신냉전시대의 출발은 2008년 세계 금융위기를 계기로 형성된 G2체제 즉 미중 양강 체제로부터 시작되었으며, 미국 우선주의, 경제 민족주의를 앞세운 2016년 미국 트럼프 대통령의 대중 무역전쟁을 계기로 본격화되었다. 뉴트 깅리치 전 미국 하원의장은 그의 저서 『트럼프와 차이나』에서 미국은 역사적으로 4번의 도전 즉 독립전쟁, 남북전쟁, 세계 2차대전, 미소냉전을 극복하였는데, 다섯 번째 도전 즉 중국의 도전으로 인한 미중 신냉전은 가장 어려운 상대가 될 것이라고 분석한 바 있다. 역사적으로 보면 1688년 영국의 명예혁명, 1776년 미국의 독립혁명으로부터 시작된 자유민주주의 근대국가 문명이 가장 어려운 도전에 직면하고 있는 것이다.

미중 신냉전시대의 특성과 동아시아의 위기

　미중 신냉전시대의 특성은 첫째, 미국을 중심으로 한 자유민주주의 국가문명과　중국을 중심으로 한 권위주의적 사회주의 국가문명 간의 대결이다. 이는 자본주의 대 사회주의 시장경제 간의 대결이자 자유민주주의 대 권위주의 간의 대결이며 문명충돌적 요소도 포함하고 있다. 둘째, 미중 신냉전시대는 미중 양강 간의 패권경쟁과 함께 다극적 질서가 공존한다. 미소 구냉전시대와는 달리 미중 신냉전시대는 미국과 중국 외에도 러시아, 인도, 독일, 일본, 터키 등 각 지역의 강자들이 다극 질서를 형성하고 있는 특징을 가지고 있다. 셋째, 전 세계적으로 새로운 차원의 민족국가 간의 무한경쟁이 진행되는 특성을 가지고 있다. 넷째, 미중신냉전시대는 군사적 경쟁과 함께 경제 패권, 기술 패권이 함께 결합되어 진행되는 특성을 가지고 있다. 그리고 이러한 미중 신냉전시대의 전개과정에서 가장 핵심적인 경쟁의 무대는 동아시아가 될 것이다.

　동아시아가 21세기 새로운 세계질서를 좌우할 미중 신냉전시대의 중심무대가 되어가고 있는 조건에서 동아시아 한국, 일본, 중국 삼국의 근대국가로의 전환의 역사, 근대국가 혁명 운동의 역사를 정확히 이해하는 것은 21세기 동아시아의 현재와 미래, 나아가 세계질서의 현재와 미래를 분석하는데서 중요한 역할을 하게 될 것이다.

동아시아 근대국가 혁명 운동의 역사적 교훈과 손병희

한국, 일본, 중국의 근대국가 혁명 운동의 역사에서 일본의 후쿠자와 유키치는 1868년 명치유신 등 일본 근대화의 사상적 지도자로 높이 평가되어 왔고, 중국의 손문은 1911년 신해혁명 등 중국 근대국가 혁명 운동의 역사에서 대표적 지도자로 존중되어 왔다. 그런데 한국의 손병희는 1894년 수만 명이 죽고 십만여 명이 부상당할 정도로 치열했던 동학농민혁명 운동 북접의 지도자로 역할을 하였다. 또한 1919년 3·1독립만세운동 때는 백만여 명이 참여하였고 수천 명이 희생되면서 민주공화제를 목표로 평화적인 독립운동이자 근대국가 혁명 운동이었던 대표적인 역사적 사건을 지도했던 인물이었음에도 불구하고 한국과 동아시아의 역사에서 제대로 된 평가를 받아오지 못했다.

특히 그가 동아시아 역사 뿐만 아니라 세계의 식민지 민족해방운동과 근대국가 혁명 운동의 역사에서도 높이 평가받을 3·1독립만세운동을 지도했던 내용은 21세기 미중 신냉전시대에 동아시아와 세계의 미래를 위해서도 중요한 교훈을 남겨주었다고 평가된다.

먼저 손병희는 중도회통 사상에 기초하여 민족 전통 종교인 천도교, 서양문명을 대표하는 기독교, 동양 사상을 대표하는 불교 간의 대 연대를 실현하여 세계 역사상 유례를 찾아보기 힘든 모범적인 대승적 연대

정신의 구현을 보여주었다. 다음으로 그는 1894년 동학 농민혁명 운동 시기의 무장투쟁까지 벌였던 급진주의 좌파적 근대화 사상으로부터 출발하여 1904년 러일전쟁 시기의 일본식 우파적 근대화 사상의 시기를 거쳐 1919년 3·1독립만세운동 때는 중도회통적 사상에 기초하여 민주공화제를 목표로 한, 평화적 독립운동이자 근대국가 혁명 운동으로 승화 발전시켰다. 이는 동아시아 근대국가 혁명 사상의 역사에서 재평가되어야할 내용이다.

손병희가 3·1독립만세운동을 성공적으로 지도하는 과정에서 기초가 되었던 이러한 중도회통 사상은 21세기 미중 신냉전시대 즉 미국중심의 자유민주주의 국가문명과 중국중심의 권위주의적 사회주의 국가문명 간의 대결과정에서 새로운 해법을 제시할 수 있는 단초가 될 수 있을 것이다. 특히 중국공산당의 중화민족주의 국가 완성이라는 목표와 연결된 대만통일문제와 북핵을 앞세워 북한주도 한반도 민족 통일국가 완성이라는 목표와 연관된 두 가지 심각한 동아시아의 갈등요소가 전쟁으로까지 치달을 가능성이 높아지고 있는 상황에서 이를 극복하고 평화를 실현할 수 있는 중도회통 사상의 중요성은 날로 커지고 있다.

손병희의 중도회통 사상과 후쿠자와 유키치, 손문의 '동도서기론'

손병희의 중도회통 사상은 일본 후쿠자와 유키치의 '탈아입구론'식의 서양 자유민주주의 근대국가 문명을 절대화시키는 편향과 중국 손문의 친사회주의이면서 중화민족주의에 기초한 근대국가 문명을 꿈꾸었던 사상적 한계를 어떻게 극복해야 할 것인지에 대해 기본적 방향을 제시해주었다. 이는 19세기 이래로 동아시아의 선각자, 지식인 사이에서 회자되었던 '동도서기론'에 대한 정확한 이해의 필요성과도 연관된다. 서기론(西器論)에서 서양 근대국가 물질문명의 장점이 무엇인지 그 물질문명의 발전을 가져왔던 철학 사상적 배경은 무엇인지에 대한 정확한 이해가 없이 주장하는 '동도서기론'은 헛된 주장에 불과할 뿐이다.

1688년 영국의 명예혁명, 1776년 미국의 독립혁명으로부터 출발한 서양의 자유민주주의 근대국가 문명은 영국 명예혁명의 사상적 지도자인 존 로크, 자본주의 경제의 설계사 애덤 스미스, 『프랑스혁명 성찰』을 통해 자유민주의 정치 사상의 본질을 밝힌 에드먼드 버크, 미국의 독립선언서와 헌법을 만드는데 핵심적 기여를 한 토마스 제퍼슨 등이 밝혀놓은 사상적 핵심 요소가 없었다면 자유민주주의 근대국가 문명은 형성되지 못했을 것이다. 그들의 사상적 기여 즉 인간의 자유가 절대적으로 중요하기 때문에 그 실현을 위해 자유권, 생명권, 재산권, 행복추구권을 법으로 보장해주었다. 다른 한편으로 인간의 불완전성에 대한 이해에 기초하여 견제와 균형의 원리를 작동시키기 위해서 법치주의, 삼권분립, 각 기관의 독립성 등을 보장해주었다. 이러한 중도회통(中道會通)적인 균형된 두 가지 요소 때문에 근대 시민계급의 강력한 자기발전의 동기를 자극하였고 이는 산업혁명과 결합되어 자본주의 물질문명의 폭발적 발전을 가져왔던 것이다. 그 결과 인류의 평균 소득이 BC 1000년전, 21세기 가격기준으로 약150달러, 1750년 산업혁명 직전 약 180달러로 거의 3000년 동안 변화가 크지 않았는데, 2000년 기준 약 6600달러로 크게 성장하였던 것이다.

이러한 자유민주주의 근대국가 문명의 발전과 철학 사상적 배경에 대해 정확히 이해하지 못한 채 어설픈 '동도서기론(東道西器論)'으로 서양의 발달된 물질문명만 수용하겠다는 식의 사고는 속빈 강정을 가지겠다는 것과 마찬가지다. 이 같은 사고의 경향은 손문과 같이 중화민족주의에 기초하여 자본주의든 사회주의든 발달된 물질문명의 결과만 잘 받아들이면 된다는 편향으로 빠질 수 있는 것이다.

다른 한편으로 '동도서기론'을 후쿠자와 유키치 식으로 '탈아입구론'적 관점에서 동도(東道)는 낡고 보잘 것 없는 것이기 때문에 서양의 발전된 근대국가 문명만을 수용하면 된다는 편향도 극복해야 한다. 물론 후쿠자와 유키치는 동아시아인 중에서 최초로 서양의 근대국가 문명의 핵심이 단순한 발달된 물질문명이 아니라 독립된 개인의 자유이고 그 독립된 개인의 자유에 대한 존중 사상이 결국 서양 근대국가 문명의 성공의 열쇠가 되었음을 자각한 것은 높이 평가받아야 한다. 그러나 동양 사상의 핵심도 이해하지 못한 채 동도는 낡고 보잘 것 없기 때문에 버려도 좋다는 식의 편향은 또 다른 문제를 낳게 된다.

동도서기론의 진공묘유적 이해

동도서기론을 제대로 이해하기 위해서는 동양 사상의 핵심인 중도 즉 진공묘유의 사상을 잘 이해하는 것이 필요하다. 성철스님은 불교 사상의 핵심은 중도라고 했고 노장 사상 역시 유와 무에 대한 정확한 이해를 반영한 중도 사상을 핵심으로 보았다. 유교의 철학적 핵심을 가장 많이 담고 있는 중용 역시 중용지도 즉 중도 사상에 대해서 가르치고 있다. 이 같은 동양 사상의 핵심인 중도 사상에 대해 가장 생생한 구체적 사례로 설명하고 있는 것은 장자의 양생주-연독(養生主-緣督) 편의 소를 잡는 백정 포정의 일화와 연관 지어 설명한 것이다. 양생주 편은 만물을 살리는 근본인 중(中)자리를 체득하는 것이고, 연독에서 독(督)은 생사가 끊어진 자리로 진공(眞空)의 자리요 중(中)의 뜻이며 연(緣)은 순(順)의 뜻으로 연독은 중도를 따른다는 의미이다. 백정 포정이 평생 칼날을 한 번도 갈지 않고 사용하였는데도 포정의 칼이 뼈와 힘줄을 전혀 건드리지 않고 소를 잡을 수 있었던 배경은 바로 기가 허를 따르는 이치 즉 중도를 따르는 이치로 칼을 사용하였기 때문인 것이다. 즉 껍데기는 버리고 진짜 알맹이를 찾는 통찰력이 중요한 것이다.

중도 사상이란, 그 무슨 중간의 길도 아니고, 좌파와 우파사이에서 기회주의적으로 무슨 이득을 취하는 길도 아니다. 또한 일반적으로 회자되어온 정치적 중도 노선 또는 중도 통합론과는 다른 차원에서 논의해야 할 사상적 문제이다. 좌파와 우파로 틀을 씌우는 것과 마찬가지로 중도파도 또 다른 틀을 씌우는 것에 불과하다. 정치적 중도노선, 중도통합론, 중도파와 같은 차원을 넘어선 중도(中道)에 대한 철학 사상적 이해가 중요하다. 중도 사상은 껍데기는 버리고 진짜 알맹이를 찾아내는 통찰력을 말하는 것이다. 동도서기론을 중도 사상에 기초하여 제대로 이해하는 길은 동도 중에서도 껍데기는 버리고 알맹이는 찾는 통찰력이 필요하고, 서기 중에서도 껍데기는 버리고 알맹이는 찾는 통찰력이 중요한 것이다.

중도 사상의 핵심은 통찰력이다

서기를 제대로 이해하기 위해서는 단순한 자본주의 물질문명의 발전만 봐서는 안 되며 그것이 가능하게 했던 존 로크, 애덤 스미스, 토마스 제퍼슨, 에드먼드 버크의 철학 사상을 제대로 이해해야 한다. 나아가

1688년 영국의 명예혁명과 1776년 미국의 독립혁명을 이끌었던 가장 중요한 동력역할을 하였던 프로테스탄트의 정신 즉 봉건시대의 왕, 교황, 교회, 신부 그 어떤 기존의 권위나 기득권에 대해서도 비판정신을 강력히 세우고 신과의 직접대화를 통해 자신의 소명을 제대로 인식하고 새로운 세상을 열려고 했던 정신을 이해할 필요가 있는 것이다. 이러한 프로테스탄트의 정신과 존 로크, 애덤 스미스, 토마스 제퍼슨, 에드먼드 버크의 사상은 동양 사상의 핵심인 중도 사상을 현실 속에서 구체적으로 구현한 역사적인 모범사례라고 할 수 있다.

그리고 동도를 제대로 이해하기 위해서는 몽골제국 패망 이후 한국, 중국을 지배했던 주자 성리학이 봉건 통치계급의 통치 이데올로기 즉 기득권 세력의 통치 이데올로기로 역할을 하면서 서양의 자유민주주의 근대국가 문명을 열어가던 16세기 이후에도 지속적으로 낡은 수구적 사상으로 작동된 것은 분명하게 비판되어야 한다. 그러나 불교 사상, 노장사상 중 긍정적 요소와 공자 맹자 사상 중에서도 긍정적 요소는 잘 이해하는 것이 필요하다. 동양 사상의 핵심을 관통하는 중도 사상 등은 인간과 세계에 대한 이해에서 서양 사상보다 더 심오한 내용을 가지고 있다고 할 수 있다. 특히 이러한 동양 사상의 심오한 내용은 미소 냉전시대에서 승리하면서 오만에 빠져 이라크 전쟁, 아프가니스탄 전쟁에서 패배하고 최근에는 코로나 세계 보건 전쟁에서도 우왕좌왕하는 모습 등을 극복하는데서 중요한 기여를 할 수 있을 것이다.

이러한 동도서기론에 대한 중도회통(中道會通)사상에 기초한 균형된 이해는 21세기 신냉전시대 즉 미국 중심의 자유민주주의 국가문명과 중국 중심의 권위주의적 사회주의 국가문명 간의 패권경쟁의 해법을 찾아가는데 중요한 역할을 할 수 있을 것이다. 그리고 그 출발점은 한국의 3·1독립만세운동을 지도했던 손병희가 보여주었던 천도교, 기독교, 불교 간의 대 연대 정신과 민주공화제를 목표로 해서 백만여 명이 참여하는 평화적 독립운동이자 근대국가 혁명 운동을 실현했던 것이라고 생각된다. 손병희를 중심으로 한, 천도교 세력이 주도했던 3·1독립만세운동은 비록 미완성으로 끝났지만 그 정신을 계승하여 상해 임시정부가 탄생하였고 이후 한국의 근현대사 역사 속에서 면면히 그 정신은 이어지고 있다고 할 수 있다. 그런데 3·1독립만세운동이 미완성의 근대국가 혁명 운동이고 손병희를 미완의 근대국가 혁명가라고 칭하는 것은 3·1독립만세운동이 바로 독립을 가져온 것도 아니고 민주공화제에 기초한 근대국가를 건국하지도 못했다는 의미를 가지고 있다. 그리고 다른 측면에서 철학 사상적 차원에서도 손병희 등 3·1독립만세운동 지도부가 자유민주주의 근대국가 문명에 대해 얼마나 깊이 이해했는가라는 관점에서도 미완성의 측면이 있었다고 할 수 있다.

그렇다면 손병희의 미완성의 요소를 극복하기 위한 길은 무엇인가?

그것은 최제우, 최시형이 동양문명의 유교, 불교, 도교를 통합하였고, 손병희가 서양문명을 대표하는 기독교와도 연대했던 동학사상의 정신을 더욱 심화, 발전시켜야 한다. 그래서 동학사상과 자유민주주의 근대국가 문명의 흐름을 명실상부하게 융합시켜야 한다. 그래야만 21세기 미중 신냉전시대의 위기들을 극복하고 새로운 대안적 문명을 만들어 낼 수 있을 것이다.

무극대도와 중도 사상

동학사상의 근본적인 출발점은 최제우가 말했던 무극대도라고 할 수 있다. 무극대도는 불교 금강경의 공(空)사상, 유교의 극기복례(克己復禮)사상 노자가 말한 무(無), 천지지시(天地之始) 사상과 일맥상통하는 것이다. 태극(太極)의 철학적 원리를 넘어서서 무극(無極)의 철학적 원리에 도달하면 그 어떤 새로운 철학이나 문명이나 과학적 요소든 그것이 진리라면 자연스럽게 수용하는 경지에 도달하게 되는 것이다. 여기에는 동양과 이질적이었던 서양문명 또는 기독교도 당연히 포함되는 것이다. 이러한 무극대도에 기초하여 구체적으로 어떻게 새로운 문명적 요소들을 수용할 것인가는 동양 사상의 핵심인 중도 사상 즉 진공묘유의 사상에 기초하여 실현될 수 있다.

즉 앞서 장자의 백정 포정 이야기에서 설명하였듯이 껍데기는 버리고 진짜 알맹이를 찾아내는 통찰력을 발휘하여 동양문명의 껍데기와 알맹이, 서양문명의 껍데기와 알맹이를 제대로 판단하여 새로운 융합을 통해 발전된 새로운 문명을 만들어야 하는 것이다. 이러한 맥락에서 손병희는 무극대도와 중도 사상 즉 진공묘유의 사상을 실천하여 동양 사상과 서양의 자유민주주의 근대국가 문명 간의 융합을 처음으로 시도했던 인물이었다고 평가할 수 있다. 그것은 당시에 미완성의 수준에서 머물렀었지만, 21세기에 있어서까지 여전히 완성하지 못하고 있는 과제이기도 하다. 뿐만 아니라 향후 21세기 미중 신냉전시대의 문제를 해결할 수 있는 철학 사상적 관점의 가장 중대한 과제라고 할 수 있다.

손병희는 21세기 사상운동의 출발점

따라서 손병희는 21세기 새로운 사상운동의 출발점이 되어야 한다고 생각된다. 그리고 손병희는 한반도가 남과 북으로 분단되어 있고, 한국 사회가 좌파와 우파로 극심하게 분열되어 있는 조건에서 통합의 출발점이 될 수 있을 것이다. 왜냐하면 손병희의 천도교는 현재 유일하게 남과 북에서 동시에 활동하고 있다. 한국에서는 천도교라는 종교활동을 중심으로 하고 있고, 북한에서는 천도교 청우당으로 정치활동을 하고 있다. 또한 한국의 보수우파는 이승만을 보수의 대표적 지도자로 내세워 왔고 진보좌파는 김구를 진보의 대표적 지도자로 내세워 왔는데 손병희는 이승만과 김구의 선배 세대로서 분열적 정치지형으로부터 자유로운 인물이다. 나아가 그는 민족종교인 천도교와 서양문명을 대표하는 기독교와 동양문명을 대표하는 불교 간의 대 연대를 실현시킨 인물이기도 하다.

이에 따라 그가 지도했던 3·1독립만세운동은 보수 진보가 공히 존중해온 대표적 역사적 운동이 되었다. 따라서 손병희는 21세기 새로운 사상운동의 출발점이자 한반도의 남과 북, 보수와 진보를 통합시켜 나갈 수 있는 출발점 역할을 할 수 있는 상징적 인물이라고 할 수 있을 것이다. 한국사회에서 요구되는 이승만과 김구의 역사적 대화와 화해, 박정희와 김대중의 역사적 대화와 화해를 만들어가기 위해서도 손병희의 상징적 역할을 재평가하고 존중하는 것이 필요하다. 또한 올해 손병희 선생 서거 100주기를 기념하여 현재 한국사회상을 상징하는 화폐의 인물들이 이황, 이이, 신사임당 등 봉건왕조 통치 이데올로기이었던 주자 성리학의 영향 하에 있던 학자들이 많은데 이를 손병희 등 한국의 근대국가 건설에 기여했던 인물들로 대체하는 운동을 추진하는 것도 의미가 있다고 생각된다.

서양의 자유론과 동학의 성경신 간의 융합

  탄허 스님과 함께 한국 현대불교를 대표하는 성철 스님은 평생 수행 생활 중에 '진리를 얻기 위해 모든 것을 희생 한다'라는 글씨가 쓰여진 작은 막대기를 옆에 두었다고 한다. 그는 '진리를 얻기 위해 불교를 선택한 것일 뿐이고, 진리를 얻기 위해 불교보다 더 좋은 것이 있다면 오늘이라도 불교를 버리고 새로운 것을 선택할 것이다'라고 설파한 바 있다. 이른바 '살불살조'의 정신이다. 진리를 얻고자 하는 길에서는 부처라는 형식, 조사라는 형식도 과감히 타파해야 함을 말한 것이다. 최제우가 깊은 수행의 결과 무극대도를 깨닫고 유교, 불교, 도교를 통합한 동학사상을 창시한 것도 이와 같은 정신의 결과이다.

성철 스님의 살불살조 정신과 애덤 스미스의 진리

　서양에서 자유민주주의 근대국가 문명을 선도하고 주도하였던 프로테스탄트들이 중세 봉건시대의 교황, 황제, 교회, 신부 등 모든 권위에 대해 저항하면서 신과의 직접 대화를 통해 자신들의 소명, 종교적 소명을 밝히고자 했던 정신도 마찬가지 맥락에서 이해할 수 있다. 그리고 이러한 프로테스탄트들의 정신을 자유민주주의 근대국가 문명을 설계하는 철학 사상과 이론으로 발전시켰던 존 로크, 애덤 스미스, 토마스 제퍼슨, 에드먼드 버크도 바로 '진리를 얻기 위해 모든 것을 희생 한다'는 정신을 실천하였던 것이다. 이들은 대부분 범신론자 또는 이신론자들이었다.

　최제우, 탄허, 성철 등과 존 로크, 애덤 스미스, 토마스 제퍼슨, 에드먼드 버크의 차이가 있다면 후자 인물들이 철학 사상에 대한 깨달음을 근대국가 문명을 설계하는 것으로 구체적 발전을 이루어냈다는 것이다. 반면에 전자의 인물들은 철학 사상적 깨달음 자체에 머물렀다는 차이가 있는 것이다. 그런데 최제우 등이 말하였던 무극대도와 동양 사상의 핵심인 중도 즉 진공묘유의 사상은 존 로크, 애덤 스미스, 토마스 제퍼슨, 에드먼드 버크의 철학 사상과 비교할 때 인간과 세계에 대한 더 심오한 내용을 가지고 있기 때문에 이를 제대로 이해한다면 21세기 미중 신냉전시대에 인류가 직면하고 있는 위기를 극복하는데 큰 힘이 될 것이다.

애덤 스미스는 그의 자본주의 설계서인 '국부론'의 철학을 담은 저서 '도덕 감정론'에서 인간의 행복의 조건에 대해 설명한 바 있다. 그는 첫째, 인간이 행복하기 위해서는 우선 육체적으로 건강해야 하며 둘째, 최소한의 경제적 부가 필요하고 셋째, 정신적으로 아무 거리낌이 없어야 한다고 주장하였다. 인간은 이러한 3가지 행복의 조건이 충족이 되면 자유인이 된다고 할 수 있다. 또한 그는 '도덕 감정론'에서 인간은 본성적으로 두 가지 요소를 가지고 있는데, 기본적으로는 이기심이 주요하게 작용하여 이 요소가 자본주의 물질문명을 발전시킨다고 주장하였으며 다른 측면에서 '마음속 공정한 관찰자'가 작용하여 지혜와 덕을 추구하게 만든다고 설파하였다. 그리고 '마음속 공정한 관찰자'는 '신이 우리 내면에 세워놓은 대리인'이라고 표현하였다. 이 같은 이해를 통해 애덤 스미스는 자유민주주의 근대국가 문명을 설계할 수 있었던 것이다. 이러한 애덤 스미스의 인간본성의 두 가지 요소에 대한 깊은 통찰력에 기초한 균형된 이해는 동양 사상의 중도 사상 즉 진공묘유를 구체적으로 현실화 시킨 진수(眞髓)라고 평가받을 만한 내용이다.

에드먼드 버크는 자유민주주의 정치 사상의 핵심을 밝힌 저서 『프랑스 혁명의 성찰』에서 '세상은 전체로 보아 자유에서 이익을 얻을 것이며, 자유 없이는 덕성이 존재할 수 없다'라면서 영국 명예혁명의 기본 정신인 자유권, 생명권, 재산권에 대한 철저한 옹호를 한 바 있다. 다른 한편 그는 도덕적이며 절도 있는 자유의 중요성을 주장하면서 '프랑스 혁명의 민중지도자들이 보인 무능력의 결과는 자유라는 모든 것을 속죄시키는 이름으로 덮힐 것이며 지혜가 없고 미덕이 없는 자유는 모든 해악 중 가장 큰 것이다' 라고 하면서 '자유로운 정부를 만드는 작업은, 즉 자유와 억제라는 이 반대요소를 조정하여 하나의 일관된 작품 속에 가두는 일은 많은 사려와 깊은 성찰, 지혜롭고 강력하며 결합하는 정신을 필요로 한다'라고 주장하였다. 이러한 에드먼드 버크의 인간의 자유와 공동체의 관계에 대한 견해 역시 중도 즉 진공묘유적인 깊은 통찰력을 보여준 것이라 할 수 있다.

   에드먼드 버크의 인간에 대한 이해와 동학의 성경신

   이러한 자유민주주의 근대국가 문명의 대표적 사상이론가들의 인간의 자유에 대한 견해는 두 가지 요소를 기초로 하고 있다. 첫째는 인간의 자유가 갖는 중요성에 대한 이해이고 둘째는 인간의 불완전성이 갖는 이해와 그와 연관하여 견제와 균형의 원리의 중요성과 신과 같은 존재에 대한 존중의 정신(Providence)이었다. 따라서 자유민주주의 근대국가 문명을 형성, 발전시켰던 존 로크, 애덤 스미스, 토마스 제퍼슨, 에드먼드 버크 등은 인간의 본성과 자유에 대해 중도 사상 즉 진공묘유적인 깊은 통찰력에 기초하여 근대국가 문명의 형성, 발전에 기여했던 것이다.

그런데 동양의 유교, 불교, 도교의 통합을 지향하였던 동학사상에서는 인간의 자유와 행복을 실현하기 위한 철학으로 성경신(誠敬信)을 강조하였다. 성(誠)은 땅의 이치 즉 자연과 사회의 이치를 존중하고 따르는 것을 의미하고 경(敬)은 하늘의 도(道)를 공경하는 의미를 담고 있다. 동학사상에서는 하늘의 도에서 핵심은 무극대도로 이해하였다. 그리고 하늘의 도를 공경하고 땅의 이치를 성실히 존중하면서 인간을 이롭게 하는 것 즉 인화(人和)를 실현하는데서 가장 중요한 것을 신(信)이라고 보았다. 한국 도교의 경전인 『천부경』에서 강조하는 천지인조화(天地人調和)의 사상과 연관된 것이라고 할 수 있다. 즉 천도(天道) 지리(地理) 인화(人和)를 실현하기 위해서 경(敬)과 성(誠)과 신의 중요성을 강조한 것이다.

이는 몽골제국이 패망 이후 한국과 중국을 500여 년 동안 지배해왔던 성리학적 세계관 즉 하늘의 도(道)를 절대적 이치(理致)로 존중하면서 성(性) 즉(卽) 이(理)를 기초로 한, 수직적 복종을 강요하였던 봉건적 통치 이데올로기를 극복하는 중요한 철학적 수단이 될 수 있었다. 그리고 특히 인화 즉 인간의 주체적 노력을 통한 믿음(信)의 형성과 지리 즉 자연과 사회의 이치를 실사구시(實事求是)적으로 이해하는 것의 중요성을 강조한 것은 낡은 봉건적 통치체제를 타파하고 근대국가 문명으로 전환하는데서 중요한 철학적 무기로 작용할 수 있었던 것이다.

한국에서는 1894년 동학 농민혁명 운동과 1919년 3·1독립만세운동 등을 통해 이를 주도했던 손병희 중심의 동학교도들 사이에서 확산되었던 사상이었다고 할 수 있다. 그러나 이러한 동학사상의 성경신 사상 등은 먼저 자유민주주의 근대국가 문명의 핵심 요소로 작용하였던 독립된 개인의 자유가 갖는 중요성에 대한 불철저한 이해에서 한계가 있었다. 보편적 인간과 독립된 개인에 대한 철학적 이해가 명확히 구분되지 못했던 것이다. 다음으로 실사구시(實事求是)적 철학에서 더 나아가 필요했던 인간의 불완전성에 대한 이해에 기초한 견제와 균형의 원리가 왜 중요한가에 대한 이해가 불철저했다는 측면에서 한계가 있었다고 할 수 있다.

동서양 사상의 융합과 자유

동양에서 자유는 대부분 인간 존재에 대한 깨달음과 연관해서 이해해왔다고 할 수 있다. 깨달음은 본질적으로 정신적 장애물이 없는 상태 즉 무애(無碍)와 연관된다고 할 수 있는데, 불교에서는 무아(無我), 도교에서는 무기(無己), 유교에서는 극기복례(克己復禮)를 실현하는 것으로 이해하였고, 이를 실현하면 불교에서는 각자(覺者; 깨달은 사람), 도교에서는 도인(道人), 유교에서는 군자(君子)로 표현해왔다. 본질적으로 세 가지 표현은 현대의 자유인(自由人)과 거의 일치한다고 할 수 있다. 상대적으로 인간관계(군신관계, 부자관계, 부부관계, 사제관계 등)를 중시하는 유교에서는 그런 관계 속에서 극기의 문제를 다루었다면 불교, 도교는 인간 정신세계의 문제점을 극복하는데 초점을 맞춘 것이라 할 수 있다.

21세기 동서회통과 융합의 시대에는 17세기 이래로 서양이 주도하여 발전시킨 자유민주주의 근대국가 문명에 기초한 자유에 관한 철학 사상에 대한 이해를 깊이 하고 이에 더하여 동양 사상 특히 인간 존재에 대한 깊은 사유 속에서 나온 무애(無碍)사상을 융합, 발전시켜야 한다고 생각된다. 인간이 독립된 존재이자 공동체적 존재라는 것에 대한 균형된 이해가 중요하다. 따라서 독립된 개인의 자유를 존중해주기 위한 근대적 자유권, 생명권, 재산권, 행복추구권 등이 중요하게 요구된다. 다른 한편으로 인간은 고립된 존재가 아니라 사회와 국가 속에서 존재하고 생활하는 가운데 자유를 어떻게 이해하고 실현할 것인가? 서양의 근대국가 문명과 동양의 공동체 존중의 정신 등을 어떻게 조화롭게 이해하고 상호 포용할 것인가가 중요하다.

자유의 본질은 사무애(四無礙)를 실현하는 것이 인간이 자유로운 상태에 이르는 것이라고 생각된다. 사무애란 육체적, 정신적으로 장애물이 없고, 경제적, 정치적으로도 장애물이 없는 상태라고 할 수 있다. 육체적으로 건강하지 못한 상태에서 인간은 자유롭다고 할 수 없을 것이다. 정신적으로는 어떤 거리낌도 없는 상태가 되어야 자유롭다고 할 수 있을 것이다. 자본주의 사회에서 최소한의 경제적 부를 통해 먹고 사는 문제가 해결되지 못한다면 그것 역시 자유롭다고 할 수 없다. 정치적으로는 잘못된 독재권력 하에 살거나 전쟁상태에 놓이게 되면 자유롭게 살수 없게 된다. 따라서 육체적, 정신적, 경제적, 정치적으로 사무애가 실현되어야 비로소 완전한 자유인이 되었다고 할 수 있다.

자유와 천지인 조화의 사상

그리고 무애의 실현과 관련해서 『천부경』은 천지인 조화의 원리에 대한 이해를 중시하고 불교의 『화엄경』은 탐진치(貪; 탐욕 瞋; 화냄 痴; 어리석음)를 극복하는 것이 중요함을 가르치고 있다. 그런데 현실세계에서는 인간이 본질적으로 불완전하고, 그 인간들이 만든 국가 역시 불완전한 경우가 많고 그 연장으로 국가 간의 문제에 따른 전쟁 가능성까지 항상 존재하는 조건에서 완전한 자유인이 되는 것은 불가능하다고 할 수 있다. 중요한 것은 자유인으로 살기위해 끊임없이 사무애를 실현하기 위해서 노력하는 것이 가치 있는 것임을 이해하고 실천하는 것이라고 할 수 있다.

특히 21세기 미 중신냉전시대에 미중 간 패권경쟁이 문명적 충돌의 측면을 포함하고 있는 조건에서 이를 지혜롭게 극복하고 새로운 대안적 문명과 질서를 만들어 내기 위해서는 자유에 관한 사상에서도 동서양의 사상을 중도 사상 즉 진공묘유적 철학에 기초하여 껍데기는 버리고 진짜 알맹이를 찾아내는 깊은 통찰력이 중요하게 요구된다고 할 것이다. 그래야 참 자유인이 되고 자유국가를 만들 수 있을 것이다.

21세기 중도 사상과 평화

동학사상의 창시자 최제우는 무극대도라는 큰 깨달음을 얻고 유교, 불교, 도교를 통합하는 동학을 만들었다. 21세기 문화의 영역에서는 동양 사상의 철학적 원리를 반영하는 작품들이 적지 않게 생산되고 있다. 세계적으로 폭발적 인기를 모았던 미국 드라마 '왕좌의 게임'도 그 중의 하나이다. 작품에서 최강의 적 나이트 킹을 마지막 시리즈에서 죽이는 역할을 한 것은 주인공 집안 스타크 가문의 막내딸 아리아였다. 그녀는 죽을 고비를 여러 차례 넘기면서 얼굴 없는 암살단의 지도자에게 아무도 아닌 자(Nobody)가 되는 훈련을 받은 것으로 나온다. 이는 동양 사상의 무극의 원리가 태극의 원리를 넘어선다는 철학을 반영한 것이다. 즉 강력한 수직적 질서를 바탕으로 한 태극의 정점에 있는 나이트 킹을 결국 처단한 것은 아무도 아닌 자 즉 무극의 원리를 배운 아리아가 하게 된 것이다.

무극의 원리와 태극의 원리

동양 사상의 출발점은 불교 금강경의 공 사상이고 노자의 무, 천지지시 사상이다. 이는 최제우가 말한 무극대도이다. 그리고 세계와 인간을 구체적으로 이해하기 위해서는 무극대도에 기초한 중도 사상 즉 진공묘유를 실현해야 한다. 진공묘유의 철학은 앞서 언급한 장자의 백정 포정의 사례가 그 철학적 핵심을 생생하게 묘사한 백미라고 할 수 있다.

그런데 21세기 문화의 세계에서 사례를 든다면 일본영화 〈자토이치〉이다. 이 영화는 전설적인 무적의 맹인 검객 이야기를 다룬 것으로 일본의 명배우 기타노 다케시가 주연, 감독을 하여 베니스영화제 특별 감독상을 수상한 영화이다. 이 영화 마지막 부분에서 악당두목은 맹인 검객이 원래 장님이 아니었음을 알게 되어 맹인 검객에게 왜 장님행세를 했는지 묻자 무적의 맹인 검객은 '눈을 감아야 상대방의 행동과 마음을 잘 알 수 있기 때문이다'라고 대답한다. 바로 이 원리가 중도 즉 진공묘유의 철학적 원리이다. 마음을 비우고 눈 앞에 현상적으로 보이는 어떤 편견도 다 버려야 만물의 실체를 정확히 파악할 수 있다는 원리이다.

반면 현대중국의 문화계를 대표하는 장예모 감독은 1988년 사회주의 리얼리즘을 소재로 한 〈붉은 수수밭〉으로 베를린영화제 금곰상을 수상하였는데, 이후 2002년 영화 〈영웅〉을 통해 중국공산당 일당독재의 불가피성을 합리화시키면서 중국공산당의 관변 이데올로기를 대변하는 영화인으로 변신하였다. 나아가 2006년 영화 〈황후화〉를 통해 중국공산당의 일당독재를 유교의 태극적인 철학적 원리와 결합시켜 수직적으로 통일된 세계의 아름다움을 중국적 미학으로 표현하였다. 이러한 그의 중국공산당을 옹호하는 관변 이데올로기적 활동은 역시 태극의 수직적 질서가 보여주는 아름다움을 연출한 2008년 베이징 올림픽 개막식을 통해 극적으로 완성되었다. 이러한 장예모의 중국공산당의 일당독재 체제를 옹호하는 문화적 활동은 주자 성리학이 봉건왕조 통치체제를 합리화 시켰던 논리와 유사하다.

몽골제국 멸망 이후 약 500여 년 동안 한국과 중국을 지배하는 이데올로기가 되었던 주자 성리학의 핵심 특징은 봉건왕조의 기득권에 대한 옹호를 주자 성리학의 태극의 철학적 원리와 결합시킨 것이다. 즉 집권세력의 독재를 하늘의 도(道)와 연결시켜 통치적 정당성을 확보하고 나아가 절대화 시켰던 것이다. 이러한 주자 성리학의 수구적 성격은 앞서 설명한 바와 같이 한국과 중국의 근대화를 방해하였던 핵심적인 사상적 배경이었다. 이러한 주자 성리학의 수구적 성격은 공자 맹자의 중용지도, 극기복례, 역성혁명론과 같은 실사구시적 유교 사상과도 배치되는 것이다. 그런데 이러한 주자 성리학적인 수구적인 이데올로기가 장예모라는 천재적 문화인을 통해 21세기 첨단 문화적 기술과 결합해서 중국공산당의 일당독재를 합리화 시키는 이데올로기로 부활해서 작동되고 있는 것이다. 이러한 문제의 근원은 동양 사상에 대한 이해의 부족이거나 왜곡 때문이다. 주자 성리학의 핵심적 문제는 태극의 철학적 원리를 절대화 시키고 주관적으로 해석하여 기득권 세력의 통치 이데올로기로 전락했다는 것이다.

동양 사상에서 태극의 철학적 원리는 항상 겸손한 자세로 해석되어야 하고 나아가 무극의 철학적 원리에 수렴되는 차원에서 이해되어야 한다. 따라서 공자가 노자에게 한 수 가르쳐 줄 것을 요청했던 핵심 내용도 태극의 철학적 원리에 대한 이해에 기초해서 무극의 철학적 원리를 배우고자 했던 것이다. 공자의 이러한 자세가 실현된 것이 중용지도와 극기복례이며 맹자의 역성혁명론이다. 태극의 철학적 원리에 대한 이해가 지극해지면 무극의 철학적 원리에 도달하게 된다. 공자와 맹자는 그것을 보여주었는데 주자는 태극의 철학적 원리를 절대화하여 동아시아 역사의 질곡을 만드는데 적지 않은 부정적 역할을 한 것이다.

천지인 조화 사상의 실현과 BTS

그런데 21세기 한국에서는 무극대도에 기초한 중도 사상 즉 진공묘유를 실현하는데서 나아가 도교의 대표 경전인 『천부경』에서 강조하는 천지인 조화사상을 실현하는 모범적인 사례가 나타났다. 그것은 21세기 세계 대중문화계를 뒤흔들고 있는 BTS다. BTS는 동서양 문화를 K팝을 통해 비빔밥 적으로 융합시켜 21세기 대중문화의 새로운 트렌드를 만들고 있다. 동서양 문화를 중도 즉 진공묘유적 관점에서 껍데기는 버리고 알맹이를 찾아내서 융합시켜 새로운 K팝을 만들어 낸 것이다. 그리고 도교의 경전 천부경에서는 오칠일묘연(五七一妙衍)이라는 구절을 통해 사람을 중심으로 땅과 하늘이 조화를 이루어 아름답게 노니는 모습을 표현하였다.

　도교를 새롭게 정립했던 최치원에 따르면『천부경』은 한국인의 고대 숫자 철학을 담은 마방진과 결합하여 해석해야 하는데 오칠일묘연(五七一妙衍)이란 오(吾)는 나를 뜻하고 칠은 나를 둘러싼 땅 즉 자연과 사회를 말하는 것이고 일은 천(天) 즉(卽) 도(道) 자체를 뜻한다. 이에 따라 인지천(人地天)이 조화를 이루어 아름다운 모습을 표현한 것인데, BTS는 이를 문화적으로 구현해냈다고 할 수 있다. 외로운 구름 고운(孤雲) 최치원의 환생이라 칭해지는 물위의 구름 수운(水雲) 최제우가 유교, 불교, 도교를 통합하여 동학을 창시하였고 최시형에 이어 그의 도통을 계승한 손병희는 3·1독립만세운동을 통해 동학 사상과 근대국가 문명의 융합을 최초로 시도하였다. 그의 시도는 미완성이었지만 21세기 미중 신냉전 시대에 동서양 문명을 중도 사상에 기초하여 새로운 융합을 통한 대안문명을 만들어 나가는 중요한 단초가 될 것이다.

무극의 원리와 블록체인 기술, 양자역학

　21세기는 미중 신냉전시대이면서 과학기술 문명의 새로운 발전단계를 열어가고 있다. 그 대표적인 과학기술이 블록체인 테크놀로지와 양자컴퓨터 관련 기술이다. 소위 4차 산업혁명의 핵심 기술들이다. 블록체인 테크놀로지의 핵심 기술은 수직적인 중앙집권적 원리를 넘어서서 수평적 연결의 원리를 활용하는 새로운 기술영역이다. 철학적으로는 태극의 철학적 원리를 넘어서서 무극의 철학적 원리에 기반을 둔 과학기술의 요소라고 할 수 있다.

　양자컴퓨터 관련 기술은 미중 신냉전시대에 미국과 중국의 기술패권, 경제패권 문제와도 연관되어 핵심적인 경쟁영역이 되고 있다. 중국은 2016년 묵자(墨子·Micius)호라는 인공위성을 이용해 양자 암호통신을 현실화 시키는 등 양자 암호기술이 세계 최고 수준이라고 하며 미국은 IBM과 구글 등이 양자컴퓨터 능력에서 세계 최고 수준을 선도하고 있는 상태이다. 양자 기술은 지금까지의 정보기술이 0과 1, 2진수 기반의 비트(bit)를 썼던 것을 0과 1을 이용한 나노기술이 한계에 도달하면서 생기는 '중첩현상' 때문에 0과 1의 구분이 모호해지는 현상을 활용한 새로운 방식의 정보과학기술이다. 0과 1이 중첩되고 얽히는 원리를 바탕으로 한 큐비트(qubit)는 정보처리 능력을 기하급수적으로 늘리게 되는데 이를 활용한 것이 양자컴퓨터이고 이 큐비트 기술을 이용하여 도청이 불가능해지는 양자 암호통신을 만들어 낸다고 한다. 이러한 과학기술은 4차 산업혁명의 거의 모든 범위에 적용되는 핵심 기술이라 할 수 있다.

그런데 0과 1을 동양철학적으로 해석하면 0은 무극을 의미하고 1은 태극을 의미한다. 그리고 0과 1이 중첩되고 얽히는 원리는 불교 화엄경의 사사무애(事事無碍)의 원리와 연관되어 있다고 할 수 있다. 화엄경의 이사무애(理事無礙)의 원리는 중도 사상 즉 진공묘유의 철학적 원리를 담고 있는데, 사사무애(事事無碍)의 원리는 불교의 핵심 이론인 중도사상(中道思想), 공(空)사상, 인연법(因緣法)을 융합한 결과로 만물의 경계를 초월하게 되는 원리이다. 이에 따라 무극의 경계와 태극의 경계도 없어지는 것이며 0과 1의 관계도 중첩되고 얽히는 현상이 발생하게 되는 것이다. 양자역학은 이러한 현상을 활용하여 과학기술을 발전시키고 있는 것이다.

화엄경의 사사무애의 원리와 융합의 시대

동학사상은 이러한 정신에 따라 경천(敬天)·경지(敬地)·경인(敬人) 사상에 이어서 경물(敬物)사상으로까지 발전시켰던 것이다. 이러한 경천·경지·경인·경물사상은 21세기 환경 위기, 코로나와 같은 전염병 위기를 극복하는데도 철학적으로 큰 역할을 할 수 있을 것이다. 경지는 환경보

호운동으로 경인, 경물은 자신 주위의 사람들을 배려하고 존중하는 중신, 사소한 물건 하나도 소중히 생각하는 정신으로 발전될 수 있다. 그래서 자유민주주의 근대국가 문명의 독립된 개인의 자유를 존중하는 정신, 견제와 균형의 원리를 중요하게 생각하는 정신, 합리적인 과학주의를 존중하는 정신과 결합된다면 21세기 환경 위기, 전염병 위기 등도 극복할 수 있을 것이다.

그리고 21세기는 무극대도와 중도 사상에 기초하여 다양한 융합이 이루어지는 시대라고 할 수 있다. 과학기술의 영역에서는 블록체인 기술과 양자역학 기술이 대표적으로 이와 연관된 것이라면, 문화의 영역에서 동서양 문화의 융합을 선도하고 있는 것이 BTS라고 할 수 있다. 이제 문명의 영역, 사상의 영역에서도 무극대도, 중도 사상에 기초하여 사사무애의 원리를 구현한 융합이 이루어지는 것이 필요하다. 사사무애의 원리를 한반도 통일의 철학으로 승화시킨다면 '산은 바다이고, 바다는 허공이며, 허공이 통일이다'는 관점에서 이해할 수 있게 될 것이다.

한국 도교의 대표 경전인 『천부경』에서는 인중천지일이라는 구절을 통해 인간과 세계에 대한 깊은 이해를 보여주었다. 인중천지일이란 '사람 안에 하늘과 땅이 하나가 되어 있다'는 뜻으로 다시 말하여 모든 사람이 소우주(小宇宙)라는 것이다. 그만큼 모든 인간은 존귀하다는 것이고 이러한 사상이 동학을 대표하는 인내천 사상으로 발전되었던 것이다.

그리고 이러한 인중천지일 사상은 불교, 도교, 유교, 기독교, 사회주의사상 즉 근대국가 문명이후에 인류문명에 가장 큰 영향을 끼치고 있는 5개의 종교 또는 사상 모두를 포괄하고 융합할 수 있는 즉 5도를 중도회통시킬 수 있는 가장 중요한 사상적 기둥이 될 수 있다고 생각된다. 나아가 인중천지일(人中天地一) 사상에 기초하여 중도 사상 즉 진공묘유를 통해 인간과 세계를 이해함에 있어서 껍데기를 버리고 진짜 알맹이를 찾아내는 통찰력을 가지게 된다면 21세기 미중 신냉전시대에 새로운 대안문명을 만들어 나가는 데 큰 힘이 될 것이다.

인중천지일 사상과 인간 및 우주에 대한 이해

그리고 화엄경과 천부경 등을 통한 인류 성인들의 가르침인 인간 개개인이 소우주라면 국가 공동체들은 중간 규모의 우주이며 인류는 큰 규모의 우주라고 할 수 있다. 이러한 이해에 기초하면 나와 내 국가만이 소우주, 중간 규모의 우주가 아니라 상대방과 상대국가도 동등한 소우주요 중간 규모의 우주임을 인정하고 존중할 수 있을 것이다. 월인천강(月印千江)의 철학도 마찬가지다. 진리의 달이 나의 마음과 내 나라에만 뜨는 것은 아니다. 세상의 모든 사람의 마음과 모든 나라의 강에도 진리의 달은 뜨는 것이다.

자유민주주의 근대국가 문명의 대표적인 정치사상가인 에드먼드 버크도 '인간과 국가는 신의 자선에 의한 창조물'이라고 주장한 바 있다. 버크가 주장한 인간과 국가도 자기와 자기 나라만 말하는 것은 아니다. 세상의 모든 사람과 모든 나라를 말한 것이라고 할 수 있다. 이러한 인간과 국가에 대한 이해에 기초하여 세계평화를 어떻게 실현할 것인지에 대해 고민하는 것이 필요할 것이다.

평화의 평평(平平)하다는 것의 근원은 최제우가 말한 무극대도라 할 수 있고 그것이 현실세계에서 구현되는 것은 중도 사상 즉 진공묘유를 통해서 실현될 수 있을 것이다. 조화를 실현하기 위해서는 천지인의 조화 즉 천도를 이해하고 지리 즉 자연과 사회의 이치를 이해하고 존중하며 인화 즉 인간과 인간관계의 신뢰에 기초하여 천지인의 조화를 현실화 시키는 것이 필요하다. 그리고 현실세계에서는 독립된 개인의 자유, 독립된 국가의 자유를 존중하면서 동시에 다른 개인의 자유, 다른 국가의 자유도 함께 존중할 때 세계평화는 이루어질 것이다. 개인과 국가는 획일적으로 평등할 수는 없다. 역사가 다르고 개성이 다르고 문화가 다르고 각자가 처한 조건도 다르기 때문이다. 평화는 이러한 다양성을 인정하고 존중하면서 더 큰 차원에서 서로 이해하고 존중하면서 더 큰 세계에서 조화를 이룰 때 이루어질 수 있을 것이다. 이러한 평화 사상의 관점에서 볼 때 최제우의 무극대도의 정신을 계승한 손병희의 평화적 혁명 정신 즉 3·1독립운동에서 종교 간 대 연대를 실현하고 평화적 군중시위를 성공시켰던 정신을 21세기 한반도에서 역사적인 중요한 자산으로 부활시킨다면 한반도의 미래에 큰 힘이 될 것이라고 생각된다.

올해 세계 94개국 넷플릭스 1위를 차지한 웹드라마 〈오징어 게임〉
으로 한국인 최초로 골든 글로브 조연 배우상을 차지하여 한국문화의
수준을 한층 높인 명배우 오영수는 "이제는 세계 속의 우리가 아니라 우
리 속의 세계다"라고 말하였는데 천부경의 인중천지일 즉 내 안에 세계
가 있음을 세계 문화계에서 보여준 것이다. 그런데 정치사회 영역에서
는 이미 100여 년 전 3·1독립만세운동을 통해서 우리 속에 세계가 있다
는 것 즉 세계 근대국가 혁명 운동의 역사 속에서 높이 평가받을 내용을
보여주었다. 우리가 이를 제대로 평가해오지 못했을 뿐이다.

3·1독립만세운동의 최대 업적은 손병희 등의 주도로 민족전통 종교
인 천도교, 서양문명을 대표하는 기독교, 동양 사상을 대표하는 불교 간
의 대 연대를 통해 백만여 명이 참여하는 독립운동이자 근대국가 건설
을 위한 평화적 혁명 운동을 전개했다는 것이다. 이러한 정신은 한국 근
현대사 전체를 관통하여 21세기 오늘날에 이르기까지 지속되어 다양한
종교들이 평화적으로 공존하는 세계적인 모범국가가 될 수 있게 만들었
다. 그리고 또 다른 큰 업적은 당시 2천만 명도 안 되는 인구 중에서 백만
여 명의 국민이 만세운동에 평화적으로 참여하여 독립만세 운동과 근대
국가 건설을 위한 군중시위를 전개했다는 것이다.
이는 세계 민족해방 운동사와 근대국가 혁명 운동사에서 높이 평가

받아야 할 또 하나의 중요한 요소인 것이다.

제행무상의 세계와 21세기 대안문명과 평화

그런데 이러한 자랑스러운 우리의 철학 사상과 역사에도 불구하고 한국의 소위 지식인 사회의 진보좌파는 친중사대주의에 빠져 있는 경우가 많고 보수우파는 친미사대주의에 빠져 있는 경우가 많다. 진보좌파가 한중경제협력의 필요성을 주장하고 보수우파가 한미동맹의 중요성에 대해 강조하는 것은 이해할 만한 내용들이다. 그러나 이러한 차원을 넘어서 정신적으로 친중사대주의, 친미사대주의에 빠져 있는 것은 21세기 미중 신냉전시대의 새로운 대안 문명을 만들어 나가는데 있어서 가장 큰 장애물이다.

특히 2022년은 중국 공산당의 패권적 중화민족주의의 추진에 따른 대만 사태와 푸틴의 대러시아 민족주의에 따른 우크라이나사태와 함께 북핵을 지렛대로 북한 주도 한반도 통일을 추진하는 과정에서 발생할 한반도 사태는 세계를 새로운 전쟁의 시대로 몰아넣을 가능성이 높아지고 있다. 그러나 현재의 세계정세는 손병희의 활동시대였던 1894년 동학농민혁명 운동과 청일전쟁 발발로 시작되어 1953년 한국전쟁 종전까지 약 60년 동안 지속되었던 혁명과 전쟁의 시대 즉 러일전쟁, 한국의 경술국치, 세계 1차 대전, 러시아 혁명, 몽골 혁명, 세계 2차 대전, 중국사회주의 혁명, 한반도의 분단과 한국전쟁 등으로 점철되었던 시대와는 다를 것이다. 1894~1953년의 시기가 동아시아에서 좌파적 근대화의 길과 우파적 근대화의 길이 충돌하면서 미소 냉전시대가 구축되었던 시기라면, 21세기 현재는 미소 냉전시대에서 소련 중심의 사회주의권이 붕괴되고 탈냉전시대 미국 중심의 일극시대를 지나 미중 신냉전시대에 놓여있다. 이러한 조건에서 중국, 러시아, 북한이 현존하는 질서를 수정하는 것을 추진하면서 새로운 전쟁의 위험이 높아지고 있는 상황이다.

현재의 세계 정세, 동아시아 정세는 전쟁의 발발 가능성은 높지만 과거와는 다른 차원에서 진행될 것이다. 본질적으로 새로운 세계질서와 동아시아 질서의 재편, 한반도 질서의 재편과 재정립, 그리고 동서양 문명의 융합을 통한 새로운 질서와 문명의 도래라는 방향 속에서 이루어질 가능성이 높다. 그런데 새로운 질서로의 재편과 재정립 과정에서 지혜롭게 대처하지 못하면 한반도에서 핵 전쟁이 발생하는 등 많은 희생이 따를 것이라고 예측된다. 이러한 문제를 극복하기 위해서는 중도 사상에 대한 깊은 이해와 평화를 위한 구체적 노력들이 필요하다고 생각된다.

세계도 제행무상(諸行無常)이요, 한반도의 한국과 북한도 제행무상(諸行無常)이며, 독립된 개인들도 제행무상(諸行無常)이다. 세계는 미소

냉전시대, 탈냉전 시대를 지나 미중 신냉전 시대이다. 한반도의 한국과 북한의 체제 경쟁은 2018년 핵과 대륙간 탄도미사일로 무장한 북한에 의해 70년대 중반 이래로 한국 우위였던 상황이 군사적, 외교적 차원에서는 북한 우위로 바뀌었다. 한반도 정세의 판이 근본적으로 바뀐 것이다. 김정일 시대의 북한과 김정은 시대의 북한도 다르다.

필자의 경우에도 2019년 12월 출간한 『미중 패권전쟁과 문재인의 운명』은 자유민주주의자 입장에 기초한 내용이었지만, 2021년 9월 출간한 『남북한 체제 경쟁 성찰』은 중도 사상의 입장에 기초한 내용으로 두 책의 내용은 많은 부분에서 차이가 있다. 불과 2년도 안 된 기간에 생긴 변화이다. 『남북한 체제 경쟁 성찰』은 필자가 2020년 겨울에 중도(中道)의 작은 깨달음을 얻은 이후 중도 사상 수행자가 된 뒤에 새로 쓴 책이었기 때문이다. 인간은 철학 사상 또는 종교가 변화되면 그 사람의 생각과 행동은 많은 변화를 가져오게 된다. 그 사람의 인간과 세계를 보는 견해, 정세를 보는 견해도 변화된다. 2020년대 세계는 새로운 개벽의 시대를 여는 출발점이 될 것이다. 동서양의 문명도 새로운 융합의 시대를 열어 갈 것이다. 그 과정에서 많은 진통과 적지 않은 희생이 있을 수 있지만 새로운 변화는 인류 문명의 더욱 성숙된 발전을 이루어 낼 것이다.

그런데 제행무상의 세계를 지혜롭게 대응하기 위해서는 기득권적 사고, 관성적 사고를 타파해야 한다. 세계와 한국 모두 기득권적 사고, 관성적 사고라는 수렁에 빠져 있다. 상징적인 사례가 2017년 초 있었던 다보스 포럼 행사였다. 다보스 포럼에는 한국을 포함한 세계의 정치, 경제, 과학, 문화, 학계 등의 소위 최고의 전문가라는 사람들이 모여 세계 담론을 주도해왔다. 그런데 다보스 포럼은 2017년 시진핑 초청연설을 들으면서 경제민족주의를 앞세운 트럼프를 비난하고 중국이 세계자유무역을 선도하게 될 것이라는 등 칭찬을 하였다. 그러나 불과 1년 여 뒤에 시진핑의 중국은 중화민족 패권주의, 전체주의 강화라는 문제점을 명백히 드러냈다. 비슷한 시기에 세계 외교계와 지성을 대표한다는 키신저 전 미 국무장관과 니얼 퍼거슨 전 하버드대 교수 등이 21세기는 중국의 세기가 될 것임을 주장하고 다녔던 것도 물거품처럼 사라졌다. 그들은 세계 최고의 주류 전문가들임을 자처했지만 본질은 기득권적 사고, 관성적 사고에 빠져 있었던 사람들에 불과했던 것이다. 특히 21세기 빠르게 변화하는 제행무상의 세계에 지혜롭게 대응하기 위해서는 그 어느 때보다 중도 사상 즉 진공묘유의 철학을 통해 껍데기는 버리고 알맹이를 찾아내는 통찰력이 중요하게 요구된다.

이러한 대변화와 전환의 시대 속에서 한국은 3·1독립만세운동을 이끌었던 손병희의 종교 간 대 연대의 정신, 평화적 군중운동의 정신을 계승하고, 21세기 문화계에서 동서양 문명의 비빔밥 문화를 만들어 새로운 모델을 만들어 가고 있는 BTS 등의 정신을 더욱 발전시켜 새로운 대안문명을 창조해야 할 것이다. 그것이 미완의 평화혁명가 손병희의 못다 이룬 꿈을 실현하는 길이 될 것이다.

부록

1. 에포크 타임스 인터뷰
2. 이승만 대통령의 손병희 선생
   안부편지

1. 에포크 타임스 인터뷰

보수 진보를 넘어서 중도 사상으로 한반도 정세를 이해해야

「에포크 타임스」는 2022년 제20대 대통령 선거를 맞이하여 '대한민국의 미래를 묻다' 대선 특집 기획을 마련하였습니다. 대한민국과 한반도의 향후 5년의 운명을 판가름할 차기 대통령이 제시해야 할 비전, 새로운 정부가 수행해야 할 국정과제를 각 분야 전문가의 고언과 해법을 통해 제시하고자 합니다.

그 일곱 번째 순서로 구해우 미래전략연구원 원장을 만나 대한민국이 마주한 복합 위기, 한국 좌·우파의 문제점, 남북한 체제 경쟁의 현실과 문제점을 주제로 대담을 진행했습니다.

2022년 대한민국은 국가 자체의 위기
정확한 위기 인식을 기반으로 처방해야
한국 보수 진보 모두 철학적 기반 일천
한반도-대만-우크라이나 위기 연결

구해우 미래전략연구원 원장은 지난날 주사파 핵심 인물로 국가정보원 차관보급 고위직을 지낸 '특이 경력' 소유자이다. 사상 면에서 좌에서 우로, 다시 중도(中道)로 전향했다. 지난해 출간한 저서『남북한 체제 경쟁 성찰』은 중도 사상에 기초한 책이다. 고려대 법대 재학 시절『강철서신』저자 김영환의 구국학생연맹(구학련), 안희정 전 충청남도 도지사 등이 참여한 반미청년회와 더불어 주사파 3대 조직 중 하나이던 자주민주통일(자민통) 리더였다. 김경수 전 경상남도 도지사, 양정철 전 민주연구원 원장이 자민통계로 분류된다. 자민통은 규모 면에서 주사파 최대 조직이었다. 대학 시절 군사독재에 반대하는 시위를 주도하여 4년 반의 수배 생활과 1년 3개월의 감옥생활을 하기도 했다. 국가안전기획부(현 국가정보원)에서는 죽음을 각오한 묵비 투쟁을 벌이기도 했다. 이후 고려대에서 북한 개혁·개방을 주제로 법학박사 학위를 받았다.

미국 하버드대 한국학연구소 객원연구원, SK텔레콤 남북경협 담당 상무, 통일 IT 포럼 공동대표 등을 역임했다. 2001년 민간 싱크탱크 미래전략연구원을 창립하여 이사장을 맡았다. 초대 원장은 노무현 정부 첫 외교부 장관으로 입각한 윤영관 서울대 정치외교학부 명예교수, 공동고문은 고(故) 박세일 한반도선진화재단 설립 이사장, 최장집 고려대 정치외교학과 명예교수였다. 이후 박근혜 정부에서 국가정보원 북한담당 기획관(1급)으로 일했고, 오늘날까지 통일문제의 연구와 실천에 주력하고 있다. 저서로는『김정은 체제와 북한의 개혁개방』,『미중 패권전쟁과 문재인의 운명』,『남북한 체제 경쟁 성찰』등이 있다.

"신냉전 체제, 체제 경쟁에서 북한 우위, 남한 내 좌·우 갈등 심화라는 엄중한 3대 위기를 헤쳐 나가기 위해서는 패러다임 전환이 필요하다"고 역설하는 구해우 원장과 대담은 2022년 2월 9일, 서울 중구 명동의 한 카페에서 진행됐다.

　'제20대 대선의 의미'를 묻는 질문에 구해우 원장은 오늘날 대한민국의 현실을 "보수·진보의 위기가 아닌 국가 자체의 위기이다"라고 진단하며 다음과 같이 말했다. "대한민국은 현재 3가지 위기가 중첩되어 있는 형국입니다. 세계정세를 보면 미국과 중국의 갈등이 심화돼 신(新)냉전 시대에 접어들었다 할 수 있습니다. 남북한 관계에 있어서는 2018년 북한이 핵 보유국이 됐습니다. 한국 내부적으로는 좌·우 갈등 혹은 보수·진보 갈등이 첨예화됐습니다." 대한민국이 처한 위기의 본질에 대해 이야기한 구해우 원장은 시대정신으로는 '통합'이 요구된다고 했다. "중요한 점은 위기의 본질을 정확하게 인식하고 이를 바탕으로 통합을 이야기하고 이뤄야 한다는 것입니다. 인식과 진단이 잘못된 상태에서 통합을 해서도 안 되고 이뤄질 수도 없습니다."

　구해우 원장은 한국이 이제까지 경험하지 못했던 위기에 처했지만 이를 제대로 인식하고 적절한 처방을 내리는 사람이 드물다고도 했다. "비유를 하자면 암에 걸렸는데 암 진단을 받고 적절한 치료를 시작하면 되는데 암에 걸린 줄도 모르는 심각한 상태인 것이죠."

　구해우 원장은 "신냉전 체제, 체제 경쟁에서 북한 우위, 남한 내 좌·우

갈등 심화라는 엄중한 3대 위기를 헤쳐 나가기 위해서는 패러다임 전환이 필요하다"고 역설했다.

미중 신냉전시대 도래

남북한 체제 경쟁에서 북한 우위

남한 내 좌우 갈등 심화

□ 대한민국이 위기에 처하고도 제대로 인식조차 못 하는 근본 원인은 뭐라 보나요?

구해우 "2003년 노무현 정부 출범 이후 현 문재인 정부에 이르기까지 약 20년 동안 대통령이 '국가' 전체의 지도자가 되지 못하고 특정 정파(政派)의 우두머리 노릇을 해 온 것이 가장 큰 원인입니다. 이른바 친노·친이·친박·친문 등 자신을 따르는 정파의 지도자였을 뿐이죠."

구해우 원장이 차기 대통령은 정파 이익을 초월한 대한민국 전체의 지도자가 돼야 한다 조언했다. 그러면서 여·야 대권 후보들은 한국이 처한 위기를 인식하고 대처해 나갈 비전이 보이지 않는다고 아쉬움을 토로했다.

구해우 "기본적으로 한국의 보수·진보·중도 세력 모두 사고가 미중 신
냉전시대 이전 '탈냉전 시대'에서 벗어나지 못했습니다. 관성적인 사
고방식을 벗어나지 못하는 것이죠. 그러한 관성의 연장선상에서 정
책을 내놓다 보니 문제가 생기는 것이고요. '패러다임 전환(paradigm
shift)'이 반드시 필요합니다. 기본적으로 한반도를 둘러싼 국제정세
의 틀이 완전히 바뀌었습니다. 남북한 체제 경쟁에서는 핵무기라는
비대칭 전력(非對稱戰力·asymmetric power)을 보유한 북한 우위로 바
뀌었습니다."

☐ 한반도 운전자론을 자처한 문재인 대통령의 대북정책은 어떻게 평
가하나요?

구해우 "한국은 경제적으로만 앞서 있을 뿐 군사·외교적 면에서 핵보
유국 북한에 추월당했습니다. 다수 한국 사람들이 인식하지 못하거
나 인정하고 싶지 않겠지만 냉혹한 현실입니다. 남·북한 관계는 배
부른 돼지와 굶주린 늑대의 경쟁으로 비유할 수 있습니다. 한반도
의 주인은 문재인이 아니라 김정은이고, 김정은이 문재인의 국정 운
영에 영향력을 행사하고 있습니다. 한반도의 운전자는 김정은이었
던 셈이죠."

구해우 원장은 2018년 북한의 평창 동계올림픽 참가, 2018년 남북 정

상회담, 2018년과 2019년의 북미정상회담 등 문재인 정부가 치적으로 내세우는 사건들도 모두 김정은이 주도하고 문재인 대통령은 따라간 것이라고 했다.

구해우 "2019년 하노이 북미정상회담 결렬 후 김정은이 요구하는 것을 한국 정부가 맞춰주지 못하니까 남북한 대회가 중단되다시피 한 거죠. 이를 정확하게 이해하지 못하면 해법을 내 놓을 수 없습니다."

한반도 운전자는 남한 아닌 북한
남한은 배부른 돼지, 북한은 굶주린 늑대

문재인 대통령을 네고시에이터(협상가)라는 표제로 보도한 「타임지」 아시아판. 2017년 5월 취임 후 문재인 대통령은 '한반도 운전자론'을 내세우며 남북한 관계를 주도하려 했지만 결과는 성공적이지 못하다. 이를 두고 구해우 원장은 "남북한 관계에서 운전자는 남한이 아닌 북한이었다"고 평가했다.

□ 남북한 관계가 문재인 정부 출범 이전으로 되돌아간 형국입니다. 원인은 무엇이라 보시나요?

구해우 "저는 2003년 노무현 정부 출범 이후 현재까지 남북 관계가 악화 일로라고 판단합니다. 노무현·문재인 진보 정부, 이명박·박근혜 보수 정부 모두 대북정책에서 실패했습니다. 20년 대북정책이 결과적으로 실패라는 것을 인정하는 것이 새로운 대북정책 수립의 선결조건이라 생각합니다."

구해우 원장은 북한 우위로 변한 체제 경쟁에서 한국의 안전을 보장할 수 있는 방법으로 미국과 핵 공유 협정 체결을 제시했다.

구해우 "미국이 핵 공유에 동의하지 않을 경우 조건부 핵 무장론에 입각해 대응해야 합니다. 더불어 북한의 위협, 아시아에서 중국의 패권주의적 위협에 대한 대응전략으로 아시아판 북대서양조약기구(NATO, 나토)를 한국, 미국, 일본, 호주, 몽골 등을 중심으로 구축하는 것도 필요합니다."

'문재인 정부 출범 후 첨단 무기 도입, 탄도 미사일 개발 성과 등을 홍보하면서 북한에 대한 군사적 우위를 과시하려는 듯하다'는 반문에 구해우 원장은 "한 마디로 무식한 짓"이라 일축했다. 핵이라는 비대칭 전력에 재래식 무기로 맞설 수 없다는 설명이다.

구해우 원장은 지난 20년간 대북정책 실패 원인 중 하나로 국가정보원 문제를 지적하기도 했다. '국가정보원이 정치적으로 오염되면서 제

역할을 하지 못하고 있다는 취지이다.

구해우 "국가정보원은 원장이나 대통령이 한마디 하면 거기에 맞게 맞춤형으로 정보를 생산합니다. 객관적으로 첩보를 분석하고 가공해서 정보를 생산하지 않습니다. 좌파 정부 들어서면 포용정책에 맞는 보고서를 올리고, 우파 정부 들어서면 봉쇄정책을 옹호하는 보고서를 만드는 식이죠."

구해우 원장은 한 언론 인터뷰에서 "국가정보원은 정권 안보 기구로 출범했다는 태생적·체질적 한계를 극복하지 못했다. 국가 안보보다 정권 안보를 중시하는 체질 때문에 정치권력에 줄 대는 행태가 나타났다"고 혹평하기도 했다.

□ 국가정보원 고위직으로 일했습니다. 문재인 정부가 추진한 국가정보원 개혁은 어떻게 보나요?

구해우 "기본적으로 한국의 권력기관 개혁이 필요하다는 것에는 동의합니다. 국가정보원, 검찰을 망라해서요. 문제는 문재인 정부가 권력기관 개혁을 정략적으로 추진하다 보니 실패한 것입니다. 국가정보원도 마찬가지고요. 상식적인 이야기인데 정보기관 개혁의 핵심은 독립성과 전문성 확보입니다."

국가정보원 북한담당기획관(1급)으로 일했던 구해우 원장은 자신의 경험을 들어 다음과 같이 말했다.

구해우 "원장이나 차장 등 고위직에는 국가정보원의 기능과 역할에 대한 정확한 이해를 갖추고 조직을 어떻게 발전시켜 나갈 것인지에 대한 전략과 실행력을 가진 인물을 기용해야 합니다. 막중한 책무를 감당할 만한 역량을 갖춘 사람을 발탁해야 하는 것이죠."

구해우 원장은 필요하다면 원장 임기제를 도입할 필요도 있다고도 했다.

국가정보원 개혁은 필요하나 정략적으로 추진해서 실패

□ 정보·방첩 기관 개편은 어떤 식으로 하는 것이 좋을까요?

구해우 "미국 중앙정보국(CIA)이 정보 수집·분석을 담당하고 연방수사국(FBI)이 특수수사·방첩 업무를 주로 하듯이 국가정보원의 정보 수집 부문과 방첩 부문을 분리하는 것도 대안이 될 수 있습니다. 기본 방향은 분리해서 전문화시키는 게 맞다 봅니다. 영국도 'MI5'라 불리는 정보청 보안부(국내 및 방첩 담당)와 'MI6'로 알려진 비밀정보부(대외 정보 업무 담당)가 분리돼 있잖아요. 다만 한국적 현실에서 이를 어떻게 적용하느냐의 문제가 있는 것이죠."

□ 오늘날 한국 진보를 평가한다면요?

구해우 "저는 한국 진보 좌파를 '얼치기'라고 평가합니다. 철학적으로 빈곤하고 자연 전략도 없다시피 하죠. 남은 것은 전략적인 전술 차원입니다. 한국 진보 세력을 친북·친중이라 보는 시각도 있는데 제가 보기에는 친북도 친중도 제대로 하지 않습니다. 그러다 보니 북한과 중국으로부터 무시당하고 욕먹는 것이죠."

이렇게 정의한 구해우 원장은 미국·유럽의 예를 들며 다음과 같이 말했다.

구해우 "유럽의 사회민주주의 계열 정당이나 '리버럴(liberal)'로 불리는 미국 민주당은 일관된 철학이 존재하고 이에 기반을 두어 국가전략을 수립합니다. 진보로서 철학과 전략을 일관되게 유지하는 것이죠."

한국 진보의 주류인 주사파에 대해서 구해우 원장은 2019년 출간한 『미중 패권전쟁과 문재인의 운명』에서 다음과 같이 기술했다.

구해우 "10만 명에 달하는 1980년대 주사파 운동권이 사회 각 분야에 진출한 것과 전교조의 의식화 교육의 영향을 받은 세대의 사회 진출이 한국 사회의 이념적, 정치적 지형을 근본적으로 바꿔놓았다. 과거에 주사파였다고 해서 지금도 주사파인 것은 아니다. 해산된 통합진보당의 이석기 그룹과 같은 주사파는 소수다. 문제는 운동권 시절 머리에 박힌 반미·반일·친중·친북적 사고다. 반미·반일·친중·친북적으로 사고하는 이들 세력이 한미 자유무역협정(FTA)과 광우병 반대 촛불시위, 박근혜 탄핵 촛불시위 등을 통해 정치적 힘을 과시했다. 위안부와 징용공 문제 등을 매개로 한, 반일투쟁과 최근의 지소미아 파기 논란 때도 상당한 영향력을 행사했다."

□ 한국 보수 우파의 문제점은 무엇이라 보나요?

구해우 "한국 보수 우파 역시 '자기 중심성(egocentrism)'이 없거나 약한 것은 마찬가지입니다. 한국 보수 우파는 대한민국을 중심으로 사고하고 '국익'을 우선시해서 국가 전략을 제시해야 하는데 미국 눈치만 보고 있는 형국이죠. 친미사대주의가 발생하는 것이고요."

한국의 안보에 있어 가장 중요한 축인 한미동맹 문제에 있어서도 한국의 철학과 이에 기반을 둔 국가 전략이 중요하다고 역설한 구해우 원장은 "미국 눈치보기로는 현재의 위기를 해결할 수 없다"고도 했다.

구해우 "예를 들어 핵무기 보유국인 북한에는 핵으로 대응할 수밖에 없습니다. 문제는 한국 보수 우파들이 '핵 공유 이야기를 꺼내면 미국이 부담스러워한다. 곤란하다'고 한다는 것입니다. 핵 공유가 필요하다면 미국과 협상하고 설득해야 합니다. 우리가 줄 건 주고 받을 건 받아야 하는 거죠."

구해우 원장은 이승만·박정희 전 대통령을 예로 들었다. "한미동맹 관련해서 가장 중요한 성과는 두 가지입니다. 1953년 체결한 '한미상호방위조약'과 1978년 한미연합사령부 창설입니다. 주지할 점은 두 가지 모두 한국이 미국에 비굴하게 처신해서 얻은 결과물이 아니라는 점입니다. 이승만 대통령은 미국의 안전 보장 장치 없이 6·25전쟁이 휴전될 경우 다시 전쟁이 발발할 것이라는 우려를 했습니다. 미국을 압박하기 위하여 반공포로 석방을 결정했습니다. 드와이트 아이젠하워(Dwight Eisenhower) 미국 대통령이 노여워했지만 결국 정전협정 체결 전에 상호방위조약을 체결했습니다. 한미연합사령부도 박정희 대통령이 '독자 핵 개발을 하겠다'며 미국을 불편하게 만들어 얻어낸 것입니다." 그는 국가 간 무한 국익 경쟁이 전개되는 신냉전 시대에 국익에 기초한 협상의 중요성은 더욱 커진다고 강조했다.

'자기 중심성 부족'을 한국 보수·진보가 가진 공통의 문제점으로 진단한 구해우 원장은 제대로 된 보수·진보로 거듭나기 위해서는 철학적 토대가 필요하다고 했다.

구해우 "서양 진보 좌파의 뿌리는 두 가지입니다. 하나는 자유·평등·박애 주창한 프랑스 대혁명 정신입니다. 그중 자코뱅파(Club des jacobins)로 불리는 급진 혁명 사상이죠. 이때 좌·우의 개념이 본격적으로 생겨났습니다. 이는 '인간 불평등 기원론'을 저술한 장자크 루소(Jean-Jacques Rousseau)와 연결점이 있습니다.

또 다른 하나는 마르크스-레닌주의 혁명으로 탄생한 소비에트연방입니다. 이후 루소 사상과 마르크스-레닌주의을 절충하여 탄생한 것이 오늘날 유럽의 사회민주주의 사상입니다. 문제는 한국 진보·좌파는 두 철학에 대한 이해가 없다시피 한 것입니다."

구해우 원장은 보수·우파 사상의 뿌리는 '프랑스 혁명 성찰'로 널리 알려진 에드먼드 버크(Edmund Burke), '보이지 않는 손(invisible hand)' 개념을 정의한 애덤 스미스(Adam Smith) 등에서 찾아야 한다고 했다.

구해우 "보수라고 할 때는 근대 국가 성립 이후의 보수를 생각해야 합니다. 근대 국가 문명에 대한 정확한 이해로부터 정리된 보수주의가 나옵니다. 버크는 '프로비던스(providence·신의 섭리)' '책임 있는 변화(prudent change)' '처방전(prescription)' 등의 이런 핵심 개념을 제시했어요."

구해우 원장은『국부론』의 저자로 알려진 애덤 스미스의 핵심 저작은『도덕 감정론』이라는 점도 짚었다.

구해우 "많은 사람들이 애덤 스미스를 경제학자로만 이해하고 있는 것은 잘못입니다. 그는 자신이 죽기 전 묘비명을 '도덕 감정론의 저자, 여기 잠들다'로 써 놓았습니다.『도덕 감정론』에서 애덤 스미스는 인간은 기본적으로 이기심이 주요하게 작용하지만 또 다른 측면에서 '마음속 공정한 관찰자'가 작용하여 지혜와 덕을 설파하게 만든다고 설파했습니다. 애덤 스미스가 정의한 마음 속 공정한 관찰자는 신이 우리 내면에 세워 놓은 대리인입니다. 이 같은 이해를 통하여 애덤 스미스는 자유민주주의 근대국가 문명을 설계할 수 있었던 것이고요."

이 밖에 구해우 원장은 보수 사상 원류를 이해하기 위해서 '사회계약론'을 주장한 존 로크(John Locke), 미국 건국 아버지 중 한 사람인 토머스 제퍼슨(Thomas Jefferson) 사상을 이해해야 한다고 했다. 지난날 좌파 운동권의 리더였던 구해우 원장은 2006~2007년 한미 자유무역협정(FTA) 체결을 즈음하여 완전한 보수 우파로 전향했다. 이후 다시 '중도(中道)'로 방향을 바꾸었다. 이는 보수 우파의 핵심 가치인 자유주의와 진보가 중시하는 공동체를 결합한 고(故) 박세일 한반도선진화재단 설립 이사장의 '공동체자유주의(共同體自由主義)'와 맥이 닿아있다. 애덤 스미스의 『도덕 감정론』을 번역하기도 했던 박세일 이사장은 공동체 자유주의에 대하여 "자유가 발전의 원리지만 지나치게 이기적이고 물질적인 자유로만 흐르면 공동체가 약화된다. 그러면 자유가 지속 가능하지 않게 되고 인간도 행복해질 수 없다. 그래서 공동체를 소중히 하는 자유주의, 즉 공동체자유주의를 해야 한다"고 했다. 구해우 원장은 고 박세일 이사장과도 오래 교분을 나눈 사이이다.

에드먼드 버크(1729~1797)의 『프랑스 혁명 성찰』(Reflections on the Revolution in France·1790) 초판본 표지. 지성사에서 가장 유명한 프랑스 혁명에 대한 비판 중 하나이며, 근대 보수주의 사상의 토대를 마련하고 국제정치 이론에도 기여한 소책자로 평가받고 있다.

□ 공동체자유주의를 두고 모서리가 둥근 네모 같은 모순된 주장이라는 비판도 있습니다.

구해우 "기본적으로 21세기 동서회통과 융합의 시대에는 17세기 이래로 서양이 주도하여 발전시킨 자유·민주주의 근대국가 문명에 기초한 자유에 관한 철학 사상에 대한 이해를 깊이 하고, 이에 더하여 동양 사상 특히 인간 존재에 대한 깊은 사유 속에서 나온 무애 사상을 융합·발전시켜야 한다고 봅니다"라고 말한 구해우 원장은 "공동체 자유주의는 탈냉전 시대에는 유용한 대안이었다"며 다음과 같이 말했다.

구해우 "미국과 중국 사이에서 벌어지고 있는 신냉전 시대에는 국가 간 무한 경쟁이 벌어집니다. 이러한 시대에는 자유주의보다는 애국주의를 좀 더 고려할 수밖에 없습니다. 개인의 자유보다 애국이 더 중요해진 것이죠. 트럼프 전 대통령의 경우에도 경제 민족주의를 내세웠습니다. 21세기 신민족주의의 특징은 다음과 같습니다. 먼저 경제적 국익의 증대를 앞세우는 경우가 많습니다. 경제민족주의를 앞세운 트럼프 행정부가 대표적입니다. 다음으로 20세기 종족적 정체성에 기반한 패권적 민족주의 및 저항적 민족주의와는 구별되죠. 대부분 근대국가의 틀과 연관된 문화적 정체성과 애국주의와 결합된 운동 또는 정책으로 표출됩니다. 물론 신민족주의 흐름 속에는 종족민족주의·인종주의 등의 부정적 요소가 섞여 있기는 합니다."

□ 오늘날 한국 정치에서 필요한 것을 꼽는다면요?

구해우 "우선 한국을 비롯한 아시아인들은 자유민주주의 근대국가 문
명 발전의 가장 큰 원동력이 되었던 개인의 자유의 중요성에 대한 이
해를 깊이 하는 것이 필요합니다. 존 로크와 토머스 제퍼슨이 제기하
였던 개인의 자유권, 생명권, 재산권, 행복추구권이 고대 노예제 또
는 중세 봉건제와 달리 모든 독립된 개인의 자율성, 창의성, 발전에
대한 구체적인 동기부여 등과 연결되어 결국 인류 역사상 그 전 시
대와 비교 불가능할 정도로 양적·질적 물질문명의 발전을 가져온 것
에 대한 구체적 이해가 필요한 거죠. 다음으로 에드먼드 버크가 주장
한 '처방전의 정치(the politics of prescription)' 이해도 필요합니다. 근
대 이전 사회에서는 인의(仁義) 정치, 왕도(王道) 정치, 불교의 자비,
도교의 도인 사회 등 추상적인 표현으로도 사회 문제를 제기하고 해
결하는 데 큰 어려움은 없었습니다. 다만 자유민주주의 근대국가 문
명이 형성된 이후 눈부실 정도로 발전한 물질문명과 이에 따른 사회
적·경제적·정치적 문제의 복잡성은 이전의 추상적 개념으로는 많은
한계를 드러냈습니다. 따라서 구체적인 분석과 처방을 통한 구체적
인 문제 해결이라는 원칙을 실현시키지 못하면 21세기 자유민주주
의 근대국가 문명이 파생시키고 있는 문제들을 해결하기 힘들 것입

니다. 한국도 예외는 없죠."

□ 남북한 체제 경쟁 속에서 차기 대통령과 정부가 지향해야 할 것은요?

구해우 "한국 진보좌파는 북한을 화해 대상으로 상정하고 보수우파는 붕괴 대상으로 상정해 왔습니다. 이처럼 자신만의 색안경을 고집한 다면 상대방의 변화도 제대로 이해하지 못하게 되고 남북한 체제 경쟁 과정에서 상호 간에 배워나갈 수 있는 점도 놓치게 됩니다. 결국 남북한 체제 경쟁의 역사를 제대로 성찰하자면 중도회통 사상에 기초해야 합니다. 즉 모든 껍데기적 인식, 잘못된 편견, 선입견을 없애고 실체적 진실을 찾아내는 것을 기초로 상호 회통의 관점에서 접근해야 하는 것이죠. 더하여 상대방을 악마화해서 과도하게 충돌하는 것도 지양해야 합니다."

세계 정세 악화일로 3개 지역에서 동시 다발 무력 충돌 발생할 수도

구해우 원장은 차기 대통령은 취임 직후부터 한반도를 둘러싼 엄중한 위기를 헤쳐 나가야 한다며 다음과 같이 조언했다.

구해우 "2022년 세계정세는 악화일로입니다. 유라시아 대륙 서쪽 우크

라이나에서는 전쟁 위기가 고조됐습니다. 동쪽에는 대만해협에서 긴장 수위가 고조됐고요. 남북한 문제도 엄중합니다. 관건은 무력 충돌 발발 위협이 높은 세 지역 모두 미국의 군사적 개입 없이는 무너지게 돼 있다는 점입니다. 문제는 미국이 3곳의 전장(戰場)에 동시에 개입할 수 없다는 점이죠. 우크라이나 침공을 준비하는 러시아, 대만에 무력 시위 수위를 높이고 있는 중국 그리고 북한 모두 초강대국 미국에게도 만만한 상대가 아니라는 점입니다. 한국 입장에서는 1953년 6·25전쟁 정전 이후 최대의 안보 위기입니다. 우크라이나-대만-한국의 위기가 연결돼 있는 것이죠. 차기 대통령은 위기의 본질을 정확히 인지하고 대처해 나가야 합니다."

에포크 타임스 2022. 2. 17

2. 이승만 대통령의 손병희 선생 안부편지

我民族의 自由와 民國의 獨立을 爲하야 盡忠盡誠하심은 二千萬衆이 誰不銘師感泣 이로릿가

元年三月以後로 世論이 大變하야 我韓에 對한 同情이 逐漸增長하므로 今에 英美國人이 各其 國內에서 我獨立을 爲하야 行하난 運動이 多하외다

敵의 對立形勢는 去益孤危하오니 比千載一時의 會를 當하야 吾人은 完全히 成功하난 最後一刻까지 有進無退할 따름이외다.

此時에 閣下는 益加自護하시와 光復大事에 携手幷進키를 朝夕暗禱하나이다. 臨風寄語에 惟望入照不敬上

民國二年九月十八日 第 李承晚

孫先生 秉熙親監 暫寓布哇謹

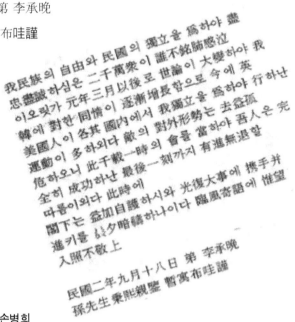

손 선생 병희 친감

    우리민족의 자유와 민국의 독립을 위하여 충성을 다하심은 이천만 민족이 누구인들 가슴에 새겨 감읍하지 아니 하오리까. 원년 삼월 이후로 세상공론이 크게 변하여 우리나라에 대한 동정심이 점점 더해가므로 지금 영국 미국 사람들이 각기 제 나라안에서 우리 독립을 위하여 행하는 운동이 많사외다.

    적의 대의 행세는 갈수록 더 외롭고 위태로운 형편이니 이야말로 천재일시의 기회를 당하여 우리들은 완전히 성공하는 최후의 일각까지 전진이 있고 후퇴는 없을 따름이외다.

    이때에 각하는 더욱더 자애 하시와 광복의 대사에 대하여 손을 마주 잡고 함께 나아가기를 아침 저녁으로 기도 하나이다.

    바람에 입히어 이말을 부치며 받아 보시기만 빕니다.

    이만 올립니다.

민국 2년 9월 18일

제 리승만

잠깐 하와이에 머물면서

291

미완의 평화혁명가
손병희

지은이 | 구해우
만든이 | 최수경
만든곳 | 글마당

책임 편집디자인 | 정다희
(등록 제2008-000048호)

만든날 | 2022년 3월 25일
펴낸날 | 2022년 4월 5일

주소 | 서울시 송파구 중대로127
전화 | 02. 451. 1227
팩스 | 02. 6280. 9003
홈페이지 | www.gulmadang.com
이메일 | vincent@gulmadang.com

ISBN 979-11-90244-31-2(03300)   값 15,000원